これからの
暮らしと経済

塚原康博・安藤 潤・佐川和彦・松崎慈恵

［編著］

文眞堂

イントロダクション

　本書は，皆さんの日常生活にかかわる経済現象を取り上げた経済学の入門書であり，経済学の予備知識のない人たち，例えば，中学生，高校生でも理解できるような平易なわかりやすい記述を心がけました。大学でいえば，一般教養のレベルに相当します。

　経済現象を理論的に説明するのが経済学ですが，そもそも経済現象や経済活動とはどのようなことでしょうか。そこから話を始めましょう。

　皆さんの多くは，ほぼ不自由なく，豊かな生活を送っていることと思います。このような生活を成り立たせるものは何でしょうか。いくつかの条件がありますが，重要なことの1つは，必要なモノやサービス，欲しいモノやサービスが手に入ることです。経済学では食べ物や洋服，自動車など人間にとって有用なモノを「財」，教育や医療，通信，運輸など有用だが形のないものを「サービス」とそれぞれ呼びます。皆さんが日常的に使っている身の周りの財を見てください。洋服，カバン，靴，スマートフォンなど，ほとんどすべての財は，買って手に入れたものです。買ったということは，それを売った人が必ずいるはずです。売買のことを取引と呼び，取引が行われる場のことを「市場」と呼びます。現在では，デパートやコンビニなどでの対面による売買以外に，インターネット上での売買も増加しています。

　食料品を食べたり，洋服を着たり，インターネットのサービスを利用したりすることを「消費」と呼び，消費することから得られる心理的満足を「効用」と呼びます。

　必要な財やサービス，欲しい財やサービスの多くは，市場で売られています。これらを売ることができるためには，これらがつくられていなければなりません。つくることを「生産」と呼びます。

　売り手はもうけるために，財やサービスをつくり，それを売っています。

　そして，ある財やサービスがよく売れて，もうけが出ていることがわかると，他の売り手も参入してきます。その結果，売り手同士の競争が発生します。売り手が生き残るためには，安価（すなわち低費用）で，高品質の財やサービスを提供しなければなりません。低費用で高品質の財やサービスを実現するためには，それらを生産する過程において，革新的な技術の導入が不可欠になります。売り手間の競争の結果，その時点において最も高い技術水準で，できるだけ安価で，できるだけ質のよい財やサービスが提供されることになります。スマートフォンやパソコン，家電製品の進化は皆さんも実感していると思います。

　買い手に目を転じると，買うためには，お金をもっていなければなりません。このお金はどのように手に入れたものでしょうか。多くの場合は，家族の働き手が働いて手に入れたものです。働き手が雇い主に労働サービスを提供し（すなわち，労働サービスを売り），雇い主はその対価として賃金を払い（すなわち，労働サービスを買い）ます。賃金などの所得の受け取りを「分配」と呼びます。雇い主は，労働サービスを買い，それを利用することで，財やサービスをつくることが可能になります。

　「生産」に貢献した度合いに応じて所得の「分配」を受け，分配された所得を使って，生産されたものを購入し，「消費」することができます。生産や消費などは経済活動と呼ばれますが，このような生産から消費に至る一連の流れを経済循環と呼び，それが日々繰り返されます。そして，生産の過程で絶えざる技術革新が促進されるので，財やサービスの低費用化や高品質化が図られ，それが行き詰まると，また新たな財やサービスの開発が図られるので，時間を経るにしたがって，社会が豊かになっていきます。

　現在では，生産や消費など経済活動は，世界規模で行われており，グローバル化しています。そして，日本を含む先進国は，少子高齢化に直面しており，それに対する政府の対応が求められています。また，デジタル化の流れは不可避であり，社会がその圧力にさらされています。脱炭素化やジェンダー平等も世界の潮流になっており，それらへの対応も欠かせません。

　グローバル化，少子高齢化，デジタル化，脱炭素化，ジェンダー平等など

は，現代の社会を理解するためのキーワードになっています。本書では，各章において，日常生活におけるさまざまな経済現象を取り上げ，解説していますが，それを読んだ読者が社会の文脈において，これらのキーワードのもつ意味を理解できるようになること，すなわち現代の社会を理解できるようになることを目指しています。

　本書は，皆さんの生活に関わる事柄を取り上げているので，必然的に日本の事柄を取り上げることになります。日本人は，リスクを回避する傾向がありますが，これはリスクを気にすることを意味しており，悲観的な見方をとることにつながります。また，日本人は，自己主張を抑制し，周りの空気を読み，周りに合わせる傾向があります。このような傾向は，日本の国民性と呼べるものであり，本書のいくつかの章で，国民性に関わる現象や日本特有の現象が出てきます。これについても，学んでもらえればと思っています。日本人や日本社会について，さらに深く学びたい方は，『日本人と日本社会──社会規範からのアプローチ──』（2022年，文眞堂）を参照していただければと思います。

　ここで，各章の概要を紹介しておきましょう。

第1章：人口減少と経済・社会構造の変化

　人口減少社会に日本が突入してからすでに15年が経過しています。人口減少は経済や社会に何をもたらしてきたのでしょうか。日本に続き，ドイツなどの国も向こう数年で人口減少社会に突入します。日本における人口減少の影響を探ることは世界の先行きを予想することにもつながると思うのです。

　本章では，まず，人口減少が経済に与える影響を概観しています。経済成長に対する影響を労働力の枯渇をどのように乗り越えるのか，今まで乗り越えてきたのか，などを議論します。さらに，I-Sバランスという経済学上のツールを使って，人口減少がもたらす，家計の資産形成への影響や金融市場の役割の変化なども論じています。最後に，人口減少が日本の世帯形態など住まい方にどのような影響を与え，私たちが暮らす「まち」や私たちの暮ら

しがどのように変わっていくのかを考えています。本章が，人口減少下で変化する経済の下，豊かに暮らすためのヒントになれば幸いです。

第2章：経済成長：停滞とその原因

　本章では，経済成長を生むメカニズムについて説明し，そのうえで日本経済が低迷を続けている原因について考えます。日本経済は，1980年代後半のバブル経済が崩壊したあと，物価が持続的に下落するデフレ状態となり，その後，長期にわたり停滞し続けることになりました。日本経済の長期停滞を生んだ最も基本的な要因は，1990年代後半以降の労働人口減少です。労働人口の減少は，供給側において，それ自体としてマイナスに働くだけでなく，資本蓄積や技術進歩を通じて間接的にも作用し，また需要側においても消費や投資を減らす要因として働くといったように，複合的に成長を抑制します。したがって，日本が成長を回復するためには，少子化と人口減少に歯止めをかけるとともに，労働生産性を高めるための人的資本投資を促進し，雇用の流動化や積極的な労働政策により労働の再配分を進めることが求められます。こうした政策は総需要の創出にもつながり，持続的な成長を生み出すと期待できます。

第3章：物価変化の原因と影響

　日本経済については，長らくデフレが問題視されてきました。しかし最近（2022年9月）では，値上げラッシュがニュースになっています。物価が下がると問題なのでしょうか。それとも物価が上がると問題なのでしょうか。そもそも物価の変化は問題なのでしょうか。

　本章では，まず1970年代以降の消費者物価指数の推移を概観することにします。次に物価変化の原因について考えていきます。物価が変化する原因はさまざまですが，供給要因・需要要因・貨幣的要因の3つに大きく分けられるでしょう。第1次オイルショックのときの狂乱物価は，原油価格の上昇とニクソン・ショックによる不況に対する過度に拡張的な貨幣政策が原因だと考えられますし，2000年頃からのデフレは，バブル崩壊以降の日本経済

の低迷が背景にあります。その上で，物価変化の何が問題なのかを考えてい
こうと思います。

第4章：格差と貧困

　本章では，格差と貧困を取り上げます。ここで注目するのは，所得の格差
です。はじめに，所得の格差がなぜ問題となるのかを考察し，格差で取り上
げる所得には，政府が介入する以前の市場で決まる当初所得と政府が介入し
た後の再分配所得（可処分所得）の2つがあることを説明します。格差の大
小を判断するためには，比較するための基準が必要であり，その基準を与え
る尺度として，ジニ係数について説明します。そして，この係数に照らし
て，日本が欧米の先進国と比べて，どのような位置にあるのかをみていきま
す。

　格差を考える上では，その原因を明らかにすることが重要です。ここで
は，その原因として，デジタル化，グローバル化，非正規雇用化，高齢化を
取り上げます。そして，日本において，特に問題視されている正規雇用者と
非正規雇用者との格差と母子家庭の貧困について詳しくみていきます。さら
に，貧困や不平等（格差）の解消を目指すSDGsや新たな制度として注目さ
れているベーシックインカムにも言及します。

第5章：家庭内外の働き方とワーク・ライフ・バランス

　本章では日本の共稼ぎ夫婦のワーク・ライフ・バランス（仕事と生活の調
和）について論じられています。日本では妻が正規雇用で働こうが非正規雇
用で働こうが，家事や育児といった家庭内労働は妻に大きく偏っています。
その要因として夫の長時間労働，いまだ残る男女性別役割規範とそれに対す
る同調行動，女性の賃金率の低さ，あるいは男性とは異なり女性は結婚，妊
娠，出産といった人生の大きな出来事（ライフイベント）が発生したときに
働くとしても家事や育児といった家庭内労働との両立がしやすい非正規雇用
で働くことが多くなることが指摘されています。

　最後に，ワーク・ライフ・バランスの実現に向けて働き方改革による労働

時間を削減すること，同一労働同一賃金原則を導入して女性の賃金率を引上げること，テレワークを活用すること，そしてライフイベント発生後も正規雇用で就業を継続する女性を増やし，それを社会的な規範へと変えていくことが重要であると結論づけられています。

第6章：少子高齢化と社会保障

　本章では日本の少子高齢化と社会保障について解説します。日本の人口は2010年の1億2,806万人をピークに減少し，2025年には1億2,254万人となる見込みです。総人口に占める15〜64歳の割合は低下しますが，高齢化率（65歳以上人口/総人口）は上昇していく見込みです。人口減少の要因として，合計特殊出生率の低下や，晩婚化の傾向，未婚者の割合の上昇，夫婦の出生力の低下などが指摘されています。

　その一方で，高齢化が進んできており，少ない現役世代の人数で1人の高齢者の生活を支えるため，現役世代（15〜64歳）の負担（社会保険料や医療保険料等）が増加します。

　政府は少子化対策として，結婚を支援し，妊娠・出産を支援して出生率を改善するとともに，男性の育児への参画を促して，子育てのしやすい環境を整備することで，子育て世代をバックアップして，子どもの数の減少傾向に歯止めをかけていく方向に舵を切っています。

　今後は社会保障費の増大が予測されています。社会保障を維持していくためには，制度改革，具体的には医療保険料や年金保険料の増額や増税が必要になってくるでしょう。

第7章：医療と経済

　日本の医療費は，増加傾向が続いています。医療費が増え続ける原因としては，高齢化以外に，医療の技術進歩が重要です。資源には限りがあります。無駄をなくして，医療サービスを効率よく生産・提供していかなければなりません。ただ，国際比較をしてみると，日本の医療のコストパフォーマンスは抜群によいことがわかります。

　誰もが気軽に医療機関で診てもらうことができるように，公的医療保険制度があります。公的医療保険の被保険者の受診行動について，3つの仮説を説明しました。

　医療費は地域ごとにかなり違いがあります。西日本で高く，東日本では低くなる傾向があるのです。その理由については，医師数の違いによる医療機関へのアクセスの違いがあるという考え方が有力です。

　日本の健康水準の指標については，OECD 加盟国中で平均寿命はトップであるにもかかわらず，自己報告による健康度では，極端に順位が低くなっています。この理由を解明することは，興味深い研究テーマです。

第8章：財政赤字と予算制度

　本章では，政府の財政赤字，政府債務，財政政策の効果について学びます。日本の政府総債務は非常に高い水準にあります。少子高齢化に加え，リーマンショック，コロナ禍などが次々と起きるため，想定外を想定に入れた柔軟な財政健全策をルール化あるいは制度化していく必要があります。

　一般政府の総債務の推移を諸外国と比べてみると，優れた予算制度を持つ国々では，世界的な経済ショックの影響を長く引きずらずに，政府総債務をコントロールしているようです。そこでは危機感を感じた国民の支持の下，予算制度の改革や独立財政機関の創設など，地道な努力が重ねられてきました。

　政府の純債務は，毎年の財政赤字が累積したものですが，この財政赤字は循環的財政赤字と構造的財政赤字に二分できます。日本の財政赤字の大部分は構造的なものです。最後に，日本経済，政府債務，社会保障制度に関する将来不安が，政府による景気安定化のための財政支出や減税の効果を減殺している可能性を指摘します。

第9章：食料問題と経済

　本章では，日本における食料経済に関する問題について考えます。日本の食料自給率は他の先進国と比べて低く，食料安全保障の観点から問題視され

ています。しかし，自給率が低いのは農畜産業の生産性の低さだけではなく，食に対する嗜好の変化や諸外国との貿易政策の違いといったさまざまな要因が重なり合っています。

　食への嗜好の変化というと，スーパーやコンビニエンスストアには調理済みの惣菜が並び，低価格で多様な飲食チェーン店が増え，食料品を調理する場が家庭から食品工場へと移ってきました。その一方，食品の安全性や環境への配慮から地場産の食品を選択する消費者が増え，消費形態はますます多様化しつつあります。

　食料生産における環境負荷にも関心が高まりつつあります。農畜産業は水資源を大量に消費し温室効果ガスを排出し，食料輸送から排出される二酸化炭素も問題になっています。私たちの食を支えるシステムが持続的に機能し続けるため，食料の生産，流通，消費に関わるすべての主体の行動が求められています。

第10章：イノベーションが変える経済と社会

　私たちの生活や企業活動は，IT（情報技術）をはじめとしたさまざまな分野における技術革新の成果のうえに成り立っています。技術革新が生み出したさまざまな製品やサービスのおかげで企業は利益を上げ，人々は豊かな消費生活を享受しています。一方，今日の日本は企業の生産性上昇の停滞や家計消費の停滞など，さまざまな課題に直面しています。これらの解決のためには，ITをはじめとした各種の新技術の実用化とともに，それらを活かした新しい社会の仕組みを構築することが重要であるといえます。

　本章では，この社会システムの改革も含めた「イノベーション」という概念と，それを実現するための取り組みである各種の研究開発活動の動向やそれを促進する制度について紹介します。

第11章：地域銀行の将来展望

　本章では，地域銀行（地銀・第二地銀）を対象に，ますます普及していくフィンテックの動向を踏まえたうえで，業務の多様性をキーワードに展望し

ます。算出した銀行ごとの多様性指標は，カテゴリごとに整理したり，地図上での分布を確認したりすることでわかりやすくまとめています。

　分析の結果から，過去数十年にわたって銀行業務の多様化が進展してきたことがわかりました。そして，多様化が収益の拡大と関連があることも示唆されました。したがって，地域銀行は今後も幅広く潜在的な収益源を模索していく必要がありますが，そうした活動には柔軟な思考を持ったマンパワーが必須です。一方で，少子高齢化社会にあって，銀行業界だけが存分に人材を確保できる見込みはありません。

　そこでフィンテックの活用・普及がカギとなります。フィンテック推進がコストを抑えつつ既存業務の生産性を底上げし，さらなる収益機会の創出につながるような好循環の土壌が確立されると，地域銀行の存在意義がより一層高まるでしょう。

第12章：グローバル化とは何か

　本章では，グローバル化の現状についてデータを観ながら解説します。経済のグローバル化とは私たちの経済活動が国境を越えて世界の各地と密接にリンクしていることです。それは人，モノ，お金の国境を越えた動きがわずか数十年前と比べて10倍以上に拡大していることから確認できます。また，グローバル化した世界はそれ以前と比べて全体としては所得，健康，教育のいずれの点から見てもグローバル化以前の世界よりも豊かになっていることもデータから分かります。

　一方で，それらは世界全体で一様に起きている現象ではなく，むしろ地域ごと，所得水準ごとにブロックが形成され，ブロック間での格差は拡大する傾向にあることもデータから明らかです。ブロック化のメカニズムはさまざまですが，本章では東アジアのケースについて多国籍企業の活動によるサプライチェーンの形成について説明しています。グローバル化の持つもう1つの側面として世界普遍化がありますが，それについてはスマートフォンを使用した経済活動の世界標準化を例にして説明しています。最後に，グローバル化の中でローカルな価値を活用するグローカルについて説明しています。

第13章：為替レートと国際通貨制度

　本章では，通貨の交換比率である為替レートに注目して説明を行います。
私たちの生活の中で，為替レートをよく見かけるのはニュースや新聞で登場
する円ドル為替レート，円ユーロ為替レートだと思いますが，実は，為替
レートは私たちにとってもっと身近な存在です。ここでは，為替レートを知
る，ということを目標に，為替レートとは何か，どのような要因が為替レー
トを動かすのか，為替レートが変動すると，経済にどのような影響を及ぼす
のか，という内容を，具体例を用いて易しく説明します。

　また，日本では変動レート制という制度が，現在まで50年ほど採用され
ています。この制度の下で，円ドル為替レートがどのように動いてきたか
を，いくつかの主要な経済事象と合わせて説明します。

　さらに，もっと為替レートを深く勉強していくときのために，為替レート
に大きい影響を与えることのできる人たちを紹介します。

　本章で，みなさんに為替レートを知ってもらい，ここからもっと勉強して
みたい，と思ってくださることに期待しています。

第14章：観光経済と暮らし

　本章では，東日本大震災以降に一気に拡大した日本の観光経済を取り上げ
ます。まず，国際経済学で必ずといっていいほど学ぶ国際収支表の構造につ
いて学び，日本の経常収支，貿易収支，サービス収支の推移を概観します。
その中でサービス収支の1つである旅行収支とは何かが説明され，旅行収支
が21世紀に入って改善を続けたことを確認します。

　第2節では，日本政府による観光政策と，それが特に第2次安倍政権で加
速化したことを外国人観光客数とその観光消費額の大幅な増加から確認し，
日本政府が「観光立国」を目指した背景を考察します。

　最後に，オーバーツーリズムとは何かを定義し，日本の事例として京都市
の観光経済とオーバーツーリズムを報告し，今後の観光政策のあり方とし
て，特定の地域に観光客が偏らないよう分散化を図り，地方にも効果が行き
届くような政策が求められること，経済効果偏重型の観光政策から，観光客

を受け入れる住民の視点も重視する観光政策が求められることが示されます。

　最後に，冒頭で述べたように，本書は，経済学の予備知識をもたない人向けの入門書です。本書を読んで，経済現象や経済学への関心を高めてもらえれば幸いです。そして，経済学をさらに深く学ぶために，基本的な理論を展開している「ミクロ経済学」や「マクロ経済学」へと，さらには，その理論を応用している「経済政策論」，「国際経済学」，「公共経済学」，「金融経済学」，「労働経済学」などへとステップアップしてもらうことを願っています。

　経済学以外の学問もあり，それらも有用ですが，経済学の考え方や見方は，社会を論理的かつ有機的に理解する上できわめて有用です。皆さんの頭の引き出しの中にそろえておくべき有用なツールの1つとして，ぜひ経済学の考え方や見方を加えてもらえればと思っています。

目　　次

《Column》

第Ⅰ部

暮らしとマクロ経済

第 1 章

人口減少と経済・社会構造の変化

1．人口減少に真正面から向き合う時代に突入

　日本は2007年に先進国に先駆けて人口減少社会に突入し，既に15年の月日が経過しています。ここ数年，少子高齢化や人口減少問題が日本の大きな社会問題として取り上げられ，議論されていることは周知の事実でしょう。

　ただ，実感という意味ではどうでしょうか。少子高齢化や人口減少という人口動態はその変化を目で直接見ることができません。株価や為替レート，金利などの金融指標の多くは，ニュースなのでその動きを逐次確認することができます。しかし，人口動態はその動きを視覚や聴覚でビビットに感じることができません。子ども時代に慣れ親しんだ商店街に足を踏み入れ，改めて様子を眺めてみるとシャッターが閉まっているお店が急増していることに気付き愕然とした経験のある方も多いと思います。

　少子高齢化と人口減少を分けて議論する場合もありますが，基本的には同じ問題といえます。少子高齢化が進行し，お亡くなりになる方の人数を新しく生まれる赤ちゃんの数で補えなくなった社会が人口減少社会だからです。したがって，本章では，少子高齢化問題と人口減少問題を敢えて分けずに議論を進めていきたいと思います。向こう数十年に人口減少＋少子高齢化の加速というトレンドが反転することは考えにくいと思います。人口減少のなかで我々が豊かに暮らしていくためにも，人口減少＋少子高齢化を真正面から捉え，今，何が起こっているのか，今後，何が起こるのか，を見極めておくことが極めて重要だと思うのです。

2．労働力不足の緩和策

2-1　女性・高齢者の労働参加促進

　人口減少時代に突入した国の経済が拡大していくと考える人はほとんどいません。縮小していくと考える方が多いと思います。「人口が減少すれば，働く人が少なくなるのだから，一国のモノやサービスの生産量が拡大していくことはあり得ない」と考えることは当然のように思えます。

　しかし，その答えでほぼ正解ではあるのですが，正確に言えば，人口減少＝労働力不足とは必ずしも言えないのです。労働市場にまだ参加していない（できない）のですが，働くことが可能な人々が残されている可能性があるからです。日本の場合，女性の存在を挙げることができます。本人の意思で働かないという選択をしている人は別として，働きたいのに環境が許さず働けない人がいることは間違いありません。我が国でも女性の労働参加促進が政策的に当たり前にように謳われるようになりました。

　図1-1は，これまでの女性の労働参加の推移を示しています。これをみると日本は女性の労働参加が遅れている国だと言われてきましたが，この約20年でかなり改善してきたことがわかります。特に，25-34歳には結婚・出産を理由に会社を辞めてしまうという意味でこの年齢層の労働参加率がくぼんでしまういわゆるM字カーブが2000年頃まで残っていました。しかし，現在は女性の労働参加率が約80％にまで上昇し，M字カーブもほぼ解消された状況にあります。

　女性の労働参加が増加している背景には，保育所の拡充等女性が働きやすい環境の整備が挙げられます。現在では，社内で託児所を設置する企業が増加していることを耳にすることも多くなり，今や激務で有名な財務省内にも託児所がある時代なのです。

　実際に，保育所の数は確実に増加しています。2015年には全国で28,783か所の保育所が2021年には38,666か所までに増加しています。その結果，地域によって差はあるものの，過去にはかなり問題視されていた保育所待ち

図 1-1　日本の労働参加率

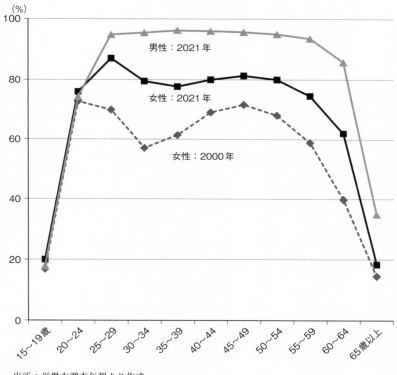

出所：労働力調査年報より作成

　行列も十分ではないにせよかなり改善されてきました。働くことと子育ての両立ができるようになれば，女性の労働参加の促進だけでなく，後述するように，少子化対策にもなる可能性があります。子育てと労働の両立は女性の問題だけではありません。父親も子育てに参加するという意味でパパニティリーブを採用する企業も増加しています。

　女性の労働参加推進は少子化を進めてしまうリスクがあるのでは，という意見をよく耳にします。しかし，統計的にはそのような因果関係を見いだすことはできないのです。むしろ，女性の社会進出が出生率を押し上げる方向

に働く可能性が高いことを示す論文も多数あります。もちろん，こうしたデータ分析を完全に鵜呑みにするつもりはありませんが，少なくとも女性の労働参加が少子化を加速させてしまうということはなさそうです。

　女性の社会進出が進むことは，女性が自分たちの手で自分たちが生活しやすい社会や環境をつくる権利を持つということだと思うのです。極端な例かもしれませんが，事業会社の役員の半数以上が女性で会社に託児所を作ることを決議すれば，託児所の設置が決まるはずです。役員が男性だけであれば，託児所をつくる案さえ議題に上らない可能性が高いと思います。より多くの人々が結婚するという選択ができ，出産しても女性が安心して働き続けることができる社会に日本がなれば，母体数が減少してしまうという現実はあるものの，多少なりとも出生率が上昇する可能性が残されていると思うのです。

　現在，日本の合計特殊出生率（1 人の女性が出産可能年齢内に平均的に出産する子どもの数）は 1.32 ですが，完結出生児数は 1.9 あります。即ち，統計的に結婚したカップルからは平均 2 人の子どもが生まれるのです。若年層の所得やセンチメントの問題もあり，単純に，少子化の問題を晩婚化と非婚化の問題だけだというつもりは毛頭ありませんが，女性の社会進出の促進も出生率向上に対し一定の効果が期待できる政策ではないかと思うのです。ちなみに，先進国でも出生率の高い地域として北欧の国々が挙げられますが，スウェーデンの国会議員の約半数は女性です。

2-2　外国人労働の受け入れ

　人口問題を抜本的に解決する方法として外国人労働者・移民を受け入れるという方法を考える方も多いと思います。日本のように，第 2 次大戦後（戦前や戦中はいろいろな意味で外国人労働者との複雑な関係があったことは事実ですが），正式に移民を受け入れず，単一民族で先進国の一員としての地位を築いてきた国はほとんどないと言っても過言ではありません。換言すれば，これまで移民や外国人労働者を積極的に受け入れてこなかっただけに，積極的に受け入れることで人口問題を解決する余地が大きいと言える部分も

あるのではないでしょうか。移民の受け入れは，労働人口の増加というだけなく，同時に確定給付年金制度の下では年金を拠出する人を増加させることになりますので年金問題にも影響を与えることになります。

　しかし，日本は積極的とは言えませんが，これまでも一定の条件を満たせば，外国人労働者を受け入れています。実際に，いろいろな国籍や血を持つ日本人が増加していることも間違いありません。日本を代表するスポーツ選手の顔ぶれを見ても，いろいろな国籍や血を持つ選手が増加していることは事実です。しかし，不法就労の問題や格差の問題が常にクローズアップされており，社会として完全に受け入れたという状況からほど遠い状況です。アンコンシャスバイアスを完全に取りきることはできないとしても，外国人労働者との協業が社会の中で有効に機能するように法整備を含めてあらゆる方面から制度を充実させる必要があろうかと思います。

2-3　技術革新

　「人口減少＝経済成長率のマイナス」とはなりませんが，女性の労働参加や高齢者雇用の促進だけではいずれ経済成長に限界がくることも認めざるを得ません。しかし，労働力の補充に限界が来ても一国の経済がマイナス成長になるとは限りません。実際に，世界に先駆けて人口減少社会に入った日本でもマイナス成長に陥ったのは，コロナパンデミック以前では2008年のリーマンショック時に一度経験しただけです。

　一国の成長は，人口（労働力）だけで決まるわけではありません。工場の数を含めた資本ストック，そして，技術力（生産性）の3つの要素で決定されるのです。単純に言えば，人や工場の数が一定でも技術力が向上すれば，生産量が大幅に上昇することも考えられるという訳です。この議論については，第10章で詳しく論じたいと思っています。

3．少子高齢化は日本の金融市場に何をもたらすか

3-1　I-S バランスとは

　これまで人口減少と経済成長という観点から議論をしてきましたが，ここからは少子高齢化の経済や社会に与える影響を考えていきましょう。

　この議論を進める上で，経済学上で有用なツールがあります。「I-S バランス」という恒等式を用いる方法です。この考え方は GDP，国民経済計算という考え方などがベースになりますので，その理解がないと直感的にはわかりにくいと思います。しかし，ここでは，恒等式の意味するところが理解できれば十分だと思いますので，恒等式の存在をベースに議論を進めたいと思います。導出方法はコラムで説明しますので興味のある方はそちらをご覧ください。

　さて，その恒等式は，

$$S（国内貯蓄）-I（国内投資）+T（税金）-G（政府投資）$$
$$=X（輸出）-M（輸入）$$

と表すことができます。

　この恒等式の意味は，一国の民間（家計及び企業）の資金余剰（S-I）に政府の資金余剰，即ち財政黒字（T-G）を加えたものが一国の経常黒字と一致することを意味しているのです。奇妙に感じるかもしれませんが，一国の中での金余り（不足）が海外との財やサービスの取引上での黒字（赤字）に一致すると言っているわけです。つまり，国内の資金余剰の拡大（貯蓄がたくさんある）や財政黒字の拡大（税収がたくさんある）は，その分だけ1対1対応で経常黒字が拡大すると読めるのです。お金の取引でこの恒等式を読めば，経常収支が恒常的に赤字化する国では，当然，輸出による収入で輸入の代金を賄えないのですから，海外から資金を借りてこなければならない国になるということになります。換言すれば，プラス領域にある部門は，お金が余っている経済主体，マイナス領域にある部門はお金が足りない主体だということで，このすべての部門を足して，プラスになっていれば，国内で

お金が余っており，海外からお金を借りる必要はないのですが，マイナスになるとお金を海外から調達しなければならない国になるという意味です。こうした関係を I-S バランス（貯蓄投資差額）と呼ぶと覚えてください。日本では内閣府が発行する国民経済年報に記載されています。

Column	1-1　I-S バランスの導出方法

I-S バランスの導出する方法は以下の通りです。

一国の実質 *GDP*（正確には，実質 *GDE*：国内総支出）は以下の式で表すことができます。

Y（国内総生産）＝*C*（消費）＋*I*（設備投資）＋*G*（政府投資）＋*X*（輸出）−*M*（輸入）
　　　　　　　　　　　　　　　　　　　　　　　　　　　　　　　　　　　　　(1)

一方，上記の国民所得を使って家計は生活をします。したがって，家計の行動は

　　Y（国民所得）＝*C*（消費）＋*S*（貯蓄）＋*T*（税金）　　　　　　　　(2)

という数式で表すことができます。即ち，得られた所得を国民は，消費する，貯蓄する，税金を払うに分けていくというという意味です。

ここで（1）と（2）の左辺は定義上一致しているはずですから，右辺も一致しているはずです。右辺の等式で結び整理すると，以下の数式が得られます。

　　S（貯蓄）−I（投資）＋T（税金）−G（政府投資）＝X（輸出）−M（輸入）　(3)

（3）の数式が一般的に I-S バランスと言われる恒等式です。

3-2　少子高齢化の進行と日本の I-S バランスの変化

　日本の 1980 年以降の I-S バランス（企業と家計を分離しています）の推移を示したものが図 1-2 です。この I-S バランスの推移を詳しく検討してみると，少子高齢化の I-S バランスに与える影響のみならず，人口減少下での資産形成の土台や金融のあり方までいろいろなことが見えてきます。

　この図を見ると，まず，家計の資金余剰が傾向的に低下してきていることがわかります。これにはいろいろな理由が考えられますが，その大きな理由の１つが少子高齢化の進行なのです。基本的に，高齢者世帯の多くは，年金生活者です。即ち，労働者であった時代に蓄えた貯蓄を取り崩して生活を営む家計ということです。2021 年の家計調査によると 65 歳以上の無職世帯で

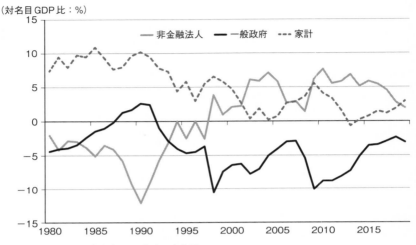

図1-2　日本のI-Sバランスの推移

（対名目GDP比：%）

注：データは1980年から2019年までを使用
出所：国民経済計算より作成

は一か月平均で12478円の資産取り崩しをしています。つまり，少子高齢化の進行は，経済全体をみれば，稼ぎ，蓄える現役世代の数が減少する一方，預金を取り崩す世代が急速に増加する社会なのです。その一方で，政府はバブル崩壊から常に赤字が続いています。高齢化の進行は，第Ⅱ部で詳しく検討しますが，年金負担の増加や医療費の拡大を通じて財政赤字を増加させる方向に働きます。

　こうした状況をI-Sバランス式で表現すると，少子高齢化の進行により民間の資金余剰（S-I）と政府の資金余剰が傾向的に減少し，経常収支が縮小する方向に向かうと読めるのです。言い換えれば，少子高齢化の進行は国内で活用できる資金の減少を意味します。

　さらに，90年代半ば以降，企業部門の行動が大きく変わったことも見て取れます。企業活動の大きな構造変化は，人口減少下での資産形成や今後の金融市場のあり方を考える上で示唆に富むので，ここで少し触れてきたいと思います。

3-3　I-Sバランスと「金融」

　我々は「金融」という言葉を当然の様に使っています。ただ，「金融」とは何ですか？　と聞かれて正確に答えられる人が意外に少ないかもしれません。実は，金融の教科書や金融の初歩の講義で，「金融とは資金余剰主体から資金不足主体に資金を流すことである」と教えられます。さらに，資金余剰主体が資金不足主体の誰に資金が渡ったかがわかる場合を直接金融，わからない場合を間接金融といいます。具体的に言えば，銀行のように自分が預金している資金がどの企業に融資されているかわからないケースを間接金融といい，株式のようにA社の株式を購入することはA社に資金を提供していることになりますので，自分の資金の行先が明確にわかるケースとなり直接金融といいます。

　それでは，I-Sバランスを用いて，戦後日本の「金融」の変遷をたどって見てみましょう。戦後の日本は，1990年のバブル期まで安定的経済成長を続けてきました。その中で，企業は常に成長を目指し，生産量拡大を求めて企業収益を大幅に上回る設備投資を実施し続けていました。順調な企業収益の拡大を背景に，賃金も安定的に上昇し続け，企業は終身雇用＋年功序列制度のもとで，安定的な雇用関係を維持し，労働者のインセンティブを維持してきました。

　こうした状況をI-Sバランスで説明すれば，企業は常に成長のための資金を必要とする資金不足主体（I-Sバランスがマイナス）であり，家計は右肩上がりの賃金と将来への備え，貯蓄を好む国民性もあって資金余剰主体（I-Sバランスがプラス）となります。そこで，当時の金融は家計の資金余剰（貯蓄）を資金不足主体である企業に資金を流すことだと考えることができたのです。日本はこの家計から企業への資金の流れを円滑かつ確実にするために銀行部門を「護送船団方式」という形式で規制等いろいろな意味で保護してきました。換言すれば，政府により保護されているという安心感の下で銀行は，預金者から積極的に預金を集め，積極的にリスクを取り，企業への融資を積極化させていたのです。

3-4　バブル崩壊がもたらしたもの：大きく変化した企業と銀行の行動様式

　その構造は，バブル崩壊を契機に徐々に変化し，より正確には1997年に始まる金融不況で事実上崩壊します。具体的に言えば，バブル崩壊により企業の倒産が増加し，その分，金融機関の負債が膨らみます。その負債の重みに耐えられず，証券会社では山一証券が自主廃業に追い込まれ，当時の北海道拓殖銀行も破綻します。つまり，護送船団方式の下で保護されてきた金融機関が倒産し始めたのです。倒産リスクに直面した銀行は，バブル以前のように積極的にリスクをとることができなくなります。むしろ，リスクを未然に防ぐため，融資を絞り，場合によっては，融資回収に走る銀行も出始めました。「貸し渋り」，「貸しはがし」という言葉が世間で一般的につかわれるようになりました。

　企業と銀行の関係変化が，日本の株式市場にも大きな影響を与えました。戦後，日本の株式の保有構造の特徴の1つとして，「持ち合い構造」と呼ばれるものがありました。具体的には，銀行としては安定的な融資先の確保を，事業会社にとっては経営の安定（いざという時に助けてくれる）を求めて，銀行と事業会社が相互に株を持ち合い，協調関係を維持してきたのです。お互いが人質を交換しあっていたようなものです。しかし，銀行が「貸し渋り」，「貸しはがし」に代表されるように，企業との安定的な関係を求めなくなれば，事業会社の株式を保有する理由がなくなります。企業にとっても同様なことが言えます。その結果，銀行と事業会社相互で株式の持ち合いを解消する動きが加速したのです。持ち合い解消により本来は市場に出回らなかった株式が市場に放出されましたが，その株の多くが結果的に外国人投資家に保有されるようになったのです。事業会社にとっては，重要な株主が銀行から外国人投資家に代わったと言えるかもしれません。

　こうした金融機関の行動や株式の保有構造の変化に対し，企業が過度に保守的になることは当然です。銀行から資金が必要な時に借りられない可能性が強まるのですから，いかなる経済状況でも銀行に頼らず自己資金で設備投資や各種の経費をまかなわざるを得ません。また，結果的に株主となった外国人投資家は十年以上先の企業の成長より，明日の利益を重視する傾向が強

いことは事実です。その結果，企業にとっていかなる状況下でも利益を出
し，キャッシュフローを維持することが大命題になったのです。その結果，
企業が手を付けたのが人件費でした。戦後の日本企業は，景気変動に伴い収
益が変動しても，雇用を守ることを是としてきました。しかし，この金融不
況を契機とし，企業は人件費にも手を付けます。この時代から「リストラ」
という言葉が当然のように使われるようになり，非正規雇用が一般化してい
きます。即ち，企業は，正社員を非正規雇用（派遣社員等）にふりかえるこ
とで人件費を変動費化する方向に舵を切ったのです。

3-5　I-Sバランスが示す少子高齢化進行下の日本の未来

　I-Sバランスの議論に戻ると，97年ごろから上記の行動変化を受けて，企
業部門が資金余剰に転じています。これは，自分が持つキャッシュフロー内
で設備投資やほかの経費をまかない，資金が余っている状態にあることを示
しています。即ち，現在の日本のI-Sバランスの構造は，少子高齢化により
家計の資金余剰が構造的に低下する一方，本来，資金不足主体であることが
多い企業部門が余剰を計上し，財政部門の赤字を補う形となっているのです。
　いずれにしても，少子高齢化の進行により家計の余剰が傾向的に低下する
なかで，財政にも赤字バイアスがかかり続けます。企業部門の余剰がどこま
で維持されるかは予想しにくい面もありますが，中長期的に日本は資金余剰
の国から，経常収支の赤字国，即ち，資金を海外に依存せざるを得ない国に
変化していく可能性が高まっていることは間違いないでしょう。
　海外から資金を得なければならない国になるとすれば，少なくとも国内の
資産が海外の資産より魅力あるものにならなければならないことを意味しま
す。少なくとも海外とそん色のない金利水準に変わっていく可能性がでてく
るのではないかと考えます。

3-6　個人金融資産と住まい方の変化

　少し視点を変えて人々の生活に焦点を当てると，人口減少の進行は人々の
住まい方に大きな影響を与えています。日本では，高度成長期以降，マイ

ホームの所有がサラリーマンの夢であるという時代がありました。しかも，日本人は世界でも例を見ないほど新築持家を好む国民であり，最近まで，計算上の貨幣価値が同じであれば，金融資産や工場など上物がある土地ではなく，さら地を好むという経済理論（土地の値段はその土地が生み出す期待収益の現在割引価値で決まる）では解釈が難しい選択をする国民でした。

　土地所有を好む根本には，国土が一定である以上，土地が量的に増加することはなく，特に，国土の約7割を山地と丘陵地に占められている日本では，人口が増加する限り，土地の希少性は常に担保されるという考え方があったのかもしれません。もちろん，希少性が強まれば，当然，価格も上昇し続けることになります。所有しているだけで値上がりが保証されていれば，その時々で最も収益率の高い産業や買い手に売ることができる形（工場の立っていた場所をコンビニに転換するには工場を取り壊す必要がある）で保有する方が有利だという考え方も成り立つのです。

　しかし，この数年間で考え方は大きく崩れています。国土交通省が毎年実施している「土地問題に関する意識調査」によると，「土地は預貯金や株式に比べて有利な資産か」という問いに対し，平成5年頃までは「そう思う」という人が6割前後いたのに対し，令和2年には，統計開始以来初めて3割を切ったとのことです。

　土地に純粋な資産価値を求めなくとも，やはり，マイホームが欲しいという意識を持つ人も多いでしょう。しかし，その持ち家志向にも変化が表れています。同じく「土地問題に関する意識調査」によれば，平成20年には9割近い人が持ち家志向を持っていたのですが，令和2年には7割前後までに低下しています。若い人を中心に借家でも十分と考える人が多くなっているのです。確かに，7割の人は未だ持ち家志向を持っているのですが，その持ち家も敢えて購入する必要がなくなる時代が到来しています。実際に，平成30年住宅・土地統計調査によると，2018年の空き家率は13.6％に達しています。世帯主年齢別持ち家率をみると，50歳～54歳で70％，65歳以上で80％を超えます。即ち，50歳以上の方のほとんどが持ち家だということです。その一方で，合計特殊出生率は1.32です。即ち，相続されるべき家の

数が相続する子どもの数を大きく上回る時代がきているのです。自分の家が持ち家で，父方，母方の実家も持ち家で一人っ子であれば，家は確実に余ります。家が余るようになれば，新築持ち家より中古住宅で十分と考える方も多くなるでしょうし，借家で十分という家計が増加することも考えられます。この点は持ち家志向が徐々に低下していることにも表れています。家が余れば家を売却したいという意向も強まり，家という固定資産の流動化が進み，不動産流動化ビジネス拡大の契機となります。

　さらに重要な点は，家計の資産形成に大きな影響を与える可能性が高いということです。日本の家計の金融資産は 2022 年度末で 2,005 兆円存在します。最近，政府は「貯蓄から投資へ」というスローガンの下，NIESA やIDECO など非課税枠を作り制度的に投資へ向かわせる政策を打ち出し，貯蓄から投資へという動きを加速させようとしています。しかし，家計の金融資産の約半分が未だに預金なのです。その預金の一部が住宅ローンや頭金としてリスクを取れない資金として固定されていることは否めない事実です。この資金の多くが解放されることになります。

　国内の資金余剰構造の変化と個人の住まい方の変化は，金融業のあり方にも大きな影響を与えます。既に述べたように，戦後日本の金融システムは，銀行を保護することで，銀行を通じて家計の資金余剰を資金不足主体であるはずの企業部門へ円滑に流すことを中心に作り上げられてきたシステムです。その構造の崩壊は，金融部門，特に銀行部門にとって，企業という融資をする先がなくなり，大きな収益源の１つがなくなることを意味するのです。さらに，マイホームを購入するための資金，即ち，住宅ローンも銀行部門の大きな収益源でしたが，何千万円の支出をしてマイホームを購入する必要がなくなれば住宅ローンを組む家庭が減少することになります。その結果，銀行部門は新たな収益源を求めざるを得なくなるのです。最近では，消費者金融をグループの傘下に加えたり，証券業や個人の資産運用アドバイスビジネスに進出したりしています。こうした銀行部門の新しいビジネス分野への進出も，その背景には人口動態の変化が大きく影響していることを忘れ

てはなりません。

4．少子高齢化は日本の社会に何をもたらすか

4-1　変化する日本の世帯構造

　少子高齢化の進行は，世帯のあり方も大きく変えていきます。「標準世帯」という考え方があることをご存じでしょうか。標準世帯とは，一般的に，夫が働いて，妻は専業主婦で子どもが2人の世帯を指し，家計の税や社会保障給付・負担の計算をする上でのモデルケースとして用いられてきた世帯類型のことです。確かに，昭和49年（1974年）には，世態人員が4人で有業者（働いている人）1人という世帯が最多の世帯数を誇り，総世帯数の15%弱とまさに日本世帯の縮図といって過言ではなかった時代だったといえます。

　しかし，今やかつての「標準世帯」は「標準」ではまったくありません。「4人世帯で有業者1人」の世帯は9番目の世帯類型で総世帯数の5%もありません。

　表1-1は1970年から2030年までの世帯構成の推移を示しています。この表を見てもおわかりになるように，今や1世帯に1人しか住んでない単身者世帯と2人しか住んでない夫婦のみ世帯を合計すると50%を超えてくることがわかります。即ち，2軒に1軒は1人か2人しかない世帯なのです。敢えて言えば，今や日本の標準世帯は単身者世帯といっても過言ではないので

表 1-1　日本の世帯構成の変化

（総世帯数に対する構成比：%）

	1970	1990	2015	2020	2025	2030
単独	20.3	23.1	34.5	35.7	36.9	37.9
（内65歳以上）			11.7	13.0	13.9	14.9
夫婦のみ	9.8	15.5	20.2	20.5	20.7	20.8
（内65歳以上）			11.8	12.5	12.5	12.5
夫婦と子	41.2	37.3	26.9	26.1	25.3	24.5

出所：国立社会保障・人口問題研究所資料より作成

す。

　しかも，この傾向は今後加速し続けます。2030年には，単身者世帯が約4割を占めるようになります。しかも，高齢の単身者や多くなることはいうまでもありません。こうした世帯構成の変化は日本の社会構造にどのような影響を与えるのでしょうか。

4-2　変わる日本人の住まい方

　長い間，日本人は狭いところに住むことに否定的な感情を抱く国民だったと思います。戦後，日本人は欧米の広い家にあこがれを持ち続け，「うさぎ小屋」に住んでいると言われることに不快感を持つ国民だったのです。「うさぎ小屋」という言葉は，1979年のECが出した公式報告書「対日経済戦略報告書」で使われており，決して日本人を蔑んで使用された言葉ではないのですが，その後は，自嘲的に使われるようになってしまいました。そして，いつかは郊外の庭付き一戸建てを持つことがサラリーマンの夢だという時代が長く続いたのです。こうしたなかで，人口増加とともに，広い家を求めて郊外へ郊外へと居住域が無秩序に広がっていくスプロール現象が発生し，1980年代から2000年にかけて，「シロガネーゼ」から「たまプランヌ＆アザミネーゼ」という言葉が生まれるなど，郊外での優雅な暮らしがもてはやされる時代がつい最近までつづいていたのです。

　しかし，前段では，人口減少で家が余る時代が来ていると申し上げましたが，庭付き戸建てを敢えて求めない時代が既に来ています。もちろん個人的な趣味の問題はありますが，単身者と夫婦のみ世帯に郊外の庭付き4LDKはいらないのではと思うのです。むしろ，高齢の単身者世帯や夫婦のみ世帯にとってまちなかの方が住みやすいという面が強いかと思います。

　高齢者にとって住みやすい街の条件は，①駅チカ，②ウォーキングディスタンス商店街，③医療介護施設が近い，の3条件であると言われています。郊外に住むとなれば，車は必需品になり，週末に大型ショッピングセンターに通うのは当たり前の生活になります。しかし，高齢者にとって，車を運転すること自体が面倒となり，事故も気にしなければならなくなります。

ちょっとしたお出かけには，交通手段として電車かバスを利用するでしょう
し，日々の買い物は徒歩圏で済ませたいと思うようになるのではないでしょ
うか。さらに，いざという時に，病院が近くにあり，介護施設も住み慣れた
町の近くにあった方がよいと思うことも当たり前のように思います。

4-3　過密に住むことはメリット？

　高齢世帯の増加は，結果的に，まちなか居住の増加をもたらすのです。戦
後日本の住宅事情がスプロール現象で象徴されているのだとすれば，すで
に，町の中心部に人々が回帰してくる「逆スプロール現象」の時代に突入し
ているのです。

　そもそも，集まって住むことにもかなりのメリットがあることを忘れては
なりません。まず，環境にやさしいということが言えると思います。徒歩圏
で生活ができるのであれば，自家用車は必要なくなります。また，ライト
レールなどをうまく活用すれば，排出する CO_2 を抑えることも可能性にな
るのです。自動車より鉄道の方が CO_2 の排出量が少ないことは言わずもが
なでしょう。富山市はライトレールを活用したまちづくりを実施し，環境に
やさしく，高齢者にも住みやすいまちとして注目を集めています。環境問題
が深刻化している今日，自動車自体も電気自動車に代わっていくことになる
と思いますが，電気自動車には航続距離の問題が残ると言われています。
「まち」から「まち」へは鉄道で移動し，まちなかでは電気自動車やライト
レールを使う，パーク＆ライドをベースとしたまちづくりも活発化してくる
と思います。まち単位で環境にやさしくなれば，いずれ国単位でも環境にや
さしいといえるようになるかもしれません。

　次に，財政にやさしいということができると思います。単純に言えば，半
径 30 km の範囲でごみ収集をするよりも，10 km 圏内で行うコストの方が
安上がりであることは自明の理です。公共施設のメンテナンスも実施する範
囲が狭ければその分財政の負担が減ることになります。

　さらに，非製造業やサービス業の生産性が上昇することも想定できるので
はないでしょうか。日本は，製造業の生産性については，世界的にも高い水

準を維持してきましたが，非製造業の生産性が低いことが知られており，い
ろいろな研究がなされてきました。もちろん，非製造業全体について議論す
ることは難しいとしても，まちの形が変わることで，少なくとも一部のサー
ビス業の生産性の改善につながる可能性があるのではないかと思うのです。
高齢化の進行により介護や宅配などのビジネスの拡大が急速に拡大していま
す。まちの形が変わることでこうしたサービスの生産性が向上する可能性が
高まるのです。単純に，在宅介護を実施するのに徒歩圏内で3人みることが
できる地域とそれぞれが車で3km離れている地域ではかかるコストが全く
違うことは当然だと思います。

4-4　コンパクトシティ推進の勧め

　最近，コンパクトシティやスマートシティという言葉を耳にすることが多
くなりました。コンパクトシティの定義は，その使い手により多少の差異は
ありますが，一般的には，①高密度で近接した開発体系をしたまちで，②公
共交通機関でつながった市街地を持ち，③地域のサービスや職場までの移動
の利便性が高い，まちやまちづくりの総称ということができそうです。それ
に ICT などデジタル技術を使い生活の利便性が高まる方向を加え，強調し
たまちやその形態をスマートシティと呼ぶようです。

　コンパクトシティやスマートシティという考え方はかなり以前から存在し
ていました。そもそも，コンパクトシティは欧州の城を中心とした城壁に囲
まれた都市形態にヒントを得たともいわれており，1972 年ローマクラブに
より発表された「成長の限界」に端を発し，1990 年頃にイギリスをはじめ
ヨーロッパで議論され始めています。もちろん，目的はスプロール化を抑制
し，環境負荷を下げることでした。

　最近になりこのコンパクトシティやその発展形であるスマートシティが議
論され，実施を志す自治体が増加しています。これまでも述べてきた通り，
戦後の日本は，まちなか居住より通勤時間や各種の利便性を犠牲にしてでも
郊外に庭付き一戸建てを持つことを是としており，センチメントとしてス
プール現象に歯止めをかけるような施策が効果を持ちえなかったという側面

が強かったのです。しかし，高齢化が進み，単身者・夫婦のみ世帯が増加，即ち，郊外に住むことを強く望まず，まちなか居住へのインセンティブを持つ世帯が増加するという人口動態上の変化が，コンパクトシティやスマートシティ対策の推進が受け入れやすい状況を作り出しているという側面もあるのではないでしょうか。

参考文献

西澤隆　編著（2005）『人口減少時代の資産形成』東洋経済新報社

西澤隆　桑原真樹（2009）『日本経済　地方からの再生』東洋経済新報社

第 2 章

経済成長：停滞とその原因

1．はじめに

　20 世紀の終わりから中国やインドなどの発展途上国が新興工業国として目覚ましい経済成長を遂げ，世界経済の勢力地図も様変わりしました。そんな中，日本経済は 1980 年代後半のバブル経済の崩壊以来，長期にわたって停滞を続けました。

　日本の GDP（国内総生産）は，1968 年に当時の西ドイツ（現在のドイツ）を抜いて以来，長くアメリカに次ぐ世界第 2 位の大きさを誇ってきましたが，2010 年に中国に抜かれて世界第 3 位となり，2021 年時点では日本の GDP は中国の 3 分の 1 以下にすぎなくなっています。日本の GDP が世界の GDP に占める割合は，1995 年には円高の影響もあって 17.6％もありました。それが 2010 年には 8.5％となり，現在は 5％を少し上回る程度と，日本経済は世界の中で急速に存在感をなくしています。

　日本の名目 GDP は 1997 年につけたピーク（535.6 兆円）を 2016 年に 544.4 兆円を記録するまで約 20 年間も超えられず，足踏みを続けました。なぜ，日本経済はこのように長期にわたる停滞を余儀なくされたのでしょうか。そもそも経済成長はどのようなメカニズムで起こるのでしょうか。本章では，経済成長をもたらす要因について考え，日本経済の長期停滞の理由について考えてみたいと思います。

2．経済成長と GDP

　日本の経済成長率（実質 GDP 増加率）のトレンド（傾向）を見ると，第
2 次世界大戦前は年 2〜3% で安定的に成長していました。戦後，1970 年代
初頭までは年平均 10% 近い高度経済成長が実現しましたが，70 年代半ば以
降は段階的に成長率が鈍化して 1990 年頃までは 4〜5% となり，バブル経済
が崩壊して以降，1991〜2021 年の 30 年間の平均はわずか 0.7% にすぎませ
ん。「失われた 30 年」といわれるゆえんです。

Column	2-1　名目 GDP と実質 GDP

　GDP に限らず金額で表される経済データには，名目データと実質データがあ
ります。名目データとは，時間とともに変化する金額（＝価格×数量）をその
時々の価格（時価）で表示したものです。一方，実質データは一定の固定価格
（基準価格）で表示したものです。すなわち実質 GDP とは，経済全体の生産額
を計算するときに，年々変化する各財の生産量を，仮にその間すべての価格が
一定（本文の場合は 1985 年の価格）であったとして算出したものです。これに
対して名目 GDP とは，異なる時点のすべての財の生産量に同時点の価格をかけ
て金額で集計したものです。

　日本の国民 1 人当たり GDP を国際比較してみると，2000 年には 39,173
ドルでルクセンブルクに次ぐ世界第 2 位でした。それが 2021 年には 39,340
ドルと，為替レートの変動による影響はありますが，ドル換算で 20 年間ほ
とんど増加しておらず，その結果，世界第 28 位にまで大きく後退してしま
いました（IMF, *World Economic Outlook*）。生産の停滞は，当然所得や賃
金の伸び悩みに繋がります。1 人当たり実質賃金の推移を見ると，1991 年か
ら 2019 年にかけて，イギリスは 1.48 倍，アメリカは 1.41 倍，フランスと
ドイツは 1.34 倍に上昇しているのに対して，日本は 1.05 倍にとどまります
（2019 年の米ドル（購買力平価ベース）による実質値，内閣官房新しい資本

主義実現本部事務局「賃金・人的資本に関するデータ集」2021 年 11 月）。

　なぜ，日本経済はこれほど長い期間にわたって停滞を続けているのでしょうか。GDP 決定の仕組みから見ていきましょう。GDP とは一国全体について付加価値を合計したものです。付加価値とは，原材料等を用いて生産活動を行い，出来上がった産出物の価値から原材料等の投入物の価値を差し引いたものです。経済が成長していないということは，人々が求める新たな価値を生み出すことができていないということにほかなりません。それはなぜなのでしょうか。

３．GDP の水準はどのように決まるか

3-1　GDP の供給と需要

　GDP は経済全体の需要（総需要）と経済全体の供給（総供給）の相互作用によって決まります。供給とは，生産物（財・サービス）を作って，それを必要としている人に提供すること，需要とは，必要とする生産物に対して支出を行う，すなわちそれを購入することです。

　生産物の供給に必要なものを生産要素といいます。主な生産要素として，労働，資本，土地があります。労働と土地については，特に説明は必要ないでしょう。では，資本とは何でしょうか。経済学で資本とは，建物や機械・設備など，生産を行うのに必要な物的資産のことをいいます。これらの生産要素が原材料に働きかけることで，原材料よりも価値の高い生産物ができ，付加価値が生まれます。生産要素が付加価値の源泉であり，これら生産要素が多ければ多いほど，多くの生産物と付加価値，つまり GDP が生みだされます。

　しかし，GDP の供給量を決めるのは生産要素だけではありません。同じ人数の労働者が同じ生産物を生産しても，労働者の知識や技能，熟練が違えば生産量や生産物の品質は違ってくるでしょう。また，資本についても最新型の機械 1 台と旧型の機械 1 台では，生産の成果は異なるでしょう。このように，同じ量の生産要素を使っても生産量が違ってくる場合，経済学ではそ

れを技術水準の差であるととらえます。

　まとめると，GDPの供給量を決めるのは，労働，資本など生産要素の量と技術水準であるということができます。しかし，生産要素と技術が備わっていれば，実際にGDPが生みだされるかというと，必ずしもそうとはいえません。それは，誰かがその生産物を必要としていなければ，その生産物は生産されないからです。それがGDPの大きさを決めるもう1つの要因である需要になります。生産要素と技術という生産物を供給するための条件と，その生産物への需要という条件と両方が揃ったときに，実際にGDPが生みだされると考えられます。

　国全体を考えるマクロ経済学では，国全体の需要すなわち総需要を，需要ないし支出主体別に消費，投資，政府支出，輸出の4つに分けてとらえます。消費はいうまでもなく家計すなわち消費者の支出です。投資とは，供給のところで述べた資本つまり建物や機械などを企業すなわち生産者が購入することをいいます。政府支出とは，政府すなわち国や地方自治体が国民に公共サービスを提供するための支出です。輸出は，国内で生産されて外国に販売されるものです。これら4つの需要のうちのいずれかがあって，実際に生産物が供給されます。このように，GDPを需要側から見ると，それは消費，投資，政府支出，輸出の合計ということができます。

3-2　総需要・総供給とGDPの決定

　そして，この総需要と総供給のバランス（需給バランス）によって，生産量すなわちGDPが増えたり減ったりします。総需要よりも総供給の方が多ければ，経済全体で生産物が余ってしまいますので，企業は生産量を減らそうとするでしょう。逆に総供給よりも総需要の方が多ければ，経済全体で生産物が不足することになるので，企業は生産量を増やそうとするでしょう。これは，J. M. ケインズ（1883～1946年）の有効需要の原理と呼ばれる考え方で，需要に従って生産が行われるというものです。

　しかし，需要さえあればいくらでも生産が行われるかといえば，そうではありあません。生産要素と技術水準によって決まってくる限界があります。

そのGDPの大きさを潜在GDPまたは完全雇用GDPといいます。その水準を超えた需要が仮に発生するとどうなるかというと，不足する生産物を奪い合うことになる結果，生産物の価格が全体的に上がっていくことになります（これを物価の上昇といいます）。その傾向が続くことをインフレーションといい，これは当然，経済成長にはつながりません。

　このように総需要と総供給の相互作用によってGDPの大きさは決まりますが，GDPが継続的に増大する，すなわち経済が成長するためには，潜在GDPが大きくなっていくことが必要であり，そのためにはGDP決定の供給側の要因である生産要素が増大するか，技術水準が向上（技術進歩）するかのいずれかが必要になります。こうした生産要素の増大や技術進歩には長い時間が必要です。また労働人口の増加にしても，資本の増加（資本蓄積）にしても，すぐに生産量の増大となって表れるわけではありません。しかしその一方で，一度増加すれば長期にわたって生産力を増加させ続ける効果を持ちます。技術進歩にしても同じです。その意味で，供給側の要因はどちらかというと長期のGDPの動向，つまり経済成長に影響を及ぼすと考えられます。それに対して，消費や投資などの需要の変動の影響は，直ちにGDPの変化に表れるものの，その影響はどちらかというと一過性が強く，短期のGDPの動向を支配します。

　ただし，需要の効果は一時的なものにとどまるとは限りません。それが極度に委縮した状態が長く続くと，伸びるべき供給能力が抑えられてしまい，長期停滞の原因ともなりえます。したがって，需要不足の影響は過小評価できません。その意味でも，需要と供給が足並みをそろえて伸びていくことが重要なのです。

4．経済成長のメカニズムとその計測

　次に，日本経済の長期低迷の原因を分析するために，データを使って経済成長を測定するための方法について見ていきましょう。上に述べたように，経済が持続的に成長していくためには，労働や資本などの生産要素の投入量

が増大するか，研究・開発活動などを通じて生産技術が進歩していくかが必要になります。これを量的にとらえるのが成長会計という方法ですが，その基礎にある生産関数についてはじめに説明しましょう。

4-1　集計的生産関数と成長会計

　生産関数とは，投入量と産出量との間の技術的な関係を示すものであり，集計的生産関数は，生産要素の投入量と技術の水準によって経済全体の産出量（GDP）を説明します（コラム 2-2）。生産関数の表現の仕方はさまざまありますが，今日代表的な形を示せば次のようなものです（アセモグル他 (2019) 参照）。すなわち

$$Y = A \times F(K, H) \tag{1}$$

ただし，Y は GDP，K は資本（資本ストックともいいます），H は効率単位で測った労働量，F は関数記号，A は技術水準をそれぞれ表します。ここで，効率単位で測った労働量（H）とは，労働量（L）と労働者の平均人的資本（h）の積としてとらえられます。平均人的資本とは，労働者 1 人当たりの生産性（効率性または能率）のことです。

　明治維新以降 150 年間の日本の経済成長について分析を行っている深尾 (2020) の分析によれば，日本において戦前期には，労働の質すなわち効率の上昇はその大部分が教育の効果によって生じていたのに対し，戦後の高度成長期には，それはおもに再配分効果で生じました。明治以降の初等中等教育の普及と戦後の農村から都市への人口移動に伴う工業化の進展という日本の歩みをみれば，この分析結果は説得力があります。

Column	2-2　集計的生産関数

　図 2-1 に示すように，集計的生産関数は上に凸の曲線で描かれ，次のような性質をもちます。
(1) 横軸に測られた資本ストック（K）または効率単位で測った労働（H）が増加するにつれて，縦軸に測られた GDP（Y）も増加していきます。
(2) 他方の生産要素を一定にしたまま，一方の生産要素投入だけを増やしてい

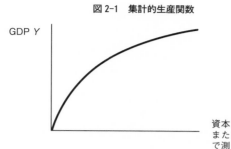

図 2-1　集計的生産関数

くと，それにより得られる Y の増加は徐々に小さくなっていきます。これを限界生産力逓減の法則といいます。限界生産力とは，資本ストックまたは効率単位で測った労働の投入を 1 単位だけ増やしたときに，産出量（GDP）がどれだけ増えるかという尺度です。

(3) 技術水準 A の増大である技術進歩は生産関数を上方にシフトさせます。

　細かい説明は省略しますが，生産関数（1）から，次に示す成長会計という式を導出することができます。

　　経済成長率＝技術進歩率＋資本分配率×資本の増加率

　　　　　　　＋労働分配率×効率単位で測った労働の増加率　　（2）

　ここで，資本と労働の増加率にそれぞれの分配率がかかっているのは，伝統的な新古典派経済学では，労働や資本など生産要素は生産への貢献に応じて所得（GDP）が分配されると考えられているからです。貢献とは，コラム 2-2 に述べた限界生産力がそれに当たります。例えば，資本であればその増加率に限界生産力をかけたものは，資本の増加に伴う GDP の増加を意味し，これを資本の経済成長への寄与度と呼びます。そうすると，上の (2)式が示していることは，経済成長率は，資本の寄与度，労働の寄与度，技術進歩率の合計に等しいということです。また，労働分配率と資本分配率の合計は常に 1 になりますから，分配率の変化はそれ自体としては経済成長率に影響しません。経済成長をもたらすのは，労働または資本の増加と技術進歩ということになります。

4-2　経済成長の要因分解

　成長会計(2)式で現実の経済成長がどのようにとらえられるか見てみましょう。図2-2は，日本，アメリカ，ドイツについて，1980年代後半以降の5年ごとに潜在GDPの成長率を労働の寄与度と資本の寄与度，技術進歩（図ではTFPとなっていますが，これについては後述します）の寄与度に要因分解したものです。

　これによると，3か国ともに潜在成長率は低下傾向にありますが，とりわけ日本の低下が著しいことがわかります。また，生産要素同士の関係について見ると，この間各国とも労働の寄与度低下が見られますが，労働の寄与度低下，すなわち労働力の不足を補うように資本が増えるのかというとそうではなく，労働の寄与度低下に合わせて資本の寄与度も低下しているように見えます（これを経済学では，労働と資本とは代替的ではなく，補完的であるといいます）。資本の寄与度が低下するということは，投資の伸びが低下しているということであり，投資が行われなくなれば，新しい技術を体化した（組み込んだ）資本がつくり出されなくなるので，技術も進歩しないという具合に，労働力人口の伸び悩みあるいは減少は，それ自体の効果に加えて，資本蓄積と技術進歩を通じても，相乗的に経済成長にマイナスの効果を及ぼすように見えます。この点は，人口減少下で経済成長の長期停滞を続けている日本経済について考える場合，とても示唆的です。

5．人口，人的資本と経済成長

5-1　人口減少の影響

　図2-2によれば，3か国のうち日本だけが1990年代後半以降，経済成長に対する労働の寄与度がマイナスになっています。マイナス幅は決して大きくありませんが，上に述べたように資本蓄積を通じても相乗的に成長率を押し下げています。

　さらに，人口減少は供給サイドを通じて経済成長にマイナスに働くだけではありません。人口減少は，当然ながら消費を減らします。さらに消費が減

図 2-2

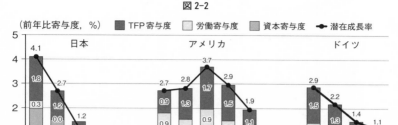

出所：経済産業省『通商白書』2016 年

　少すれば，企業の投資も減少せざるを得ません。このように，人口減少は需要サイドにも累積的にマイナスの効果を持ち，需給両面から相乗的に経済成長を抑制します。日本では人口減少と並行して高齢化が進んでいますが，高齢化も消費にマイナスに働きます。1 か月間の世帯当たり平均家計消費支出額は，世帯主年齢 50 歳台の 34 万 2 千円をピークとして年齢とともに減少し，70 歳以上では 22 万 6 千円となっています（2021 年『家計調査』）。したがって，高齢世帯の増加は経済全体の消費支出の減少をもたらします。

　日本の総人口は，2010 年の 1 億 2,806 万人をピークに減少過程に入りました。2021 年の年間出生数は，戦後最少の 81 万人に落ち込む一方，高齢化を背景に死亡数は戦後最多の 144 万人で，63 万人の自然減となり，人口減少傾向が加速しています（厚生労働省「人口動態調査」）。また，国立社会保障・人口問題研究所の「日本の将来人口推計」（平成 29 年）の中位推計によれば，日本の総人口は 2015 年の 1 億 2,709 万人から 2065 年には 8,808 万人，2115 年には 5,056 万人と減少を続けます。すなわち，日本の人口は今後 50 年で今の約 7 割になり，さらに次の 50 年で 4 割に減ってしまうことに

なるのです。このように長期にわたって続く人口減少は，日本の経済成長を抑制し続けます。

　こうした動向に，政府は2060年に総人口1億人程度を確保し，そのために2020年に出生率1.6程度，2030年に1.8程度，2040年に人口置換水準（2.07）を達成するとの数値目標を掲げました（2014年「骨太の方針」）。しかし，現実の出生率は2016年からむしろ下がり続け，2021年には1.30まで低下し，目標達成には程遠い状況にあります。実現不可能ともいえる高い目標を掲げている割には，それを実現するための大胆な施策がまったく打ち出せていません。

　出生率の引き上げだけでこの目標を達成することは不可能といわざるを得ないでしょう。やはり外国人労働者とその家族，つまり移民を相当数受け入れることが必要になるのではないでしょうか。日本に定住している外国人は2020年現在，274万7千人と過去最高ですが，総人口に占める割合は2.2％と国際的にみればまだ低水準です（欧米主要国の多くは10％台）。移民を受け入れるにはそれなりの態勢づくりが必要で，それには相当のコストがかかります。また，受け入れには文化的な摩擦や抵抗が伴うでしょう。しかし，外国人は起業や文化創造の点でも日本の発展に貢献します。アメリカでは，2006〜12年の間に上場した企業の創業者に占める移民の割合が33％だったというデータもあります。歴史的に見ても，日本には移民を受け入れ，同化させ，新しい文化を創造してきた伝統があります。ここでは，この問題をこれ以上詳しく論じませんが，興味のある読者は毛受（2017），友原（2020）などを参照してください。

5-2　人的資本投資の停滞

　科学技術が進歩し，高等教育が普及した現代の経済において，労働力の経済成長への影響を労働人口の大きさだけで論じることはできません。生産関数(1)式で見たように，経済成長への効果は，効率単位で見た労働で測られます。前述のように，労働の効率は産業構造が大きく転換するようなときには，生産性の低い産業から高い産業へ労働が移動することによっても高まり

ますが，今日重要なのは，教育や訓練などによって労働者が知識，技術・能力などを身につけ，それによって生産性が高まり，賃金上昇となって表れることです。こうしたことに企業等が資金を投じることを人的資本投資と呼び，これにより生産能力が高まることを人的資本蓄積といいます。

　IoT（Internet of Things）や AI（人工知能），ビッグデータ，DX（Digital Transformation）などを核とする「第 4 次産業革命」が今後進展していく中で，経済成長に果たす人的資本の役割は，ますます重要性を増していくと考えられます。しかし，今の日本では，必ずしも人的資本投資が活発に行われているとはいえません。かつて高度成長期には，高学歴化が進み，終身雇用制の下で企業も OJT（On the Job Training，職場内技能訓練）を中心に従業員に対する教育・訓練を積極的に行い，これが経済成長に貢献しました。しかし，バブル崩壊後の業績悪化で企業の人的資本への投資は削られ，また教育や訓練の機会がない非正規雇用の増加がその傾向に拍車をかけました。

　Off-JT（Off the Job Training）と呼ばれる職場以外での研修費用等についても，欧米主要国が対 GDP 比で 1〜2％あるのに対し，日本は 1990 年代以降 1％未満にとどまっています。しかも近年は企業の財務体質が改善し，資金的な余裕があるにもかかわらず，Off-JT は減少傾向にあり，2010 年代以降はわずか 0.1％にまで低下しています（平成 30 年版『労働経済の分析』）。非正規雇用の増加にしてもそうですが，日本の企業経営は目先の費用削減にばかりに気を取られて，長期的な展望を欠いているのではないでしょうか。

　また，いうまでもなく人的資本の蓄積においては，企業以上に政府の果たすべき役割も重要ですが，日本の教育への公的支出の割合は対 GDP 比で 2.9％にとどまり（トップはノルウェーで 6.4％），これは OECD（経済協力開発機構）38 か国中の 37 位と最低レベルです（文部科学省 HP「図表でみる教育（*Education at a Glance 2021, OECD Indicators*）」）。その分，家計の教育費負担は重くなっており，それが少子化の原因の 1 つともなっています。年金や医療といった，高齢者向けの政府支出が増加し続けていることの

しわ寄せが，日本の将来形成を危機に陥らせているという構図があります。

　またそれに加えて，教育に対する日本人の意識の問題も指摘されています。教育が公的な意味をもつものであるとあまり認識されておらず，教育費は親が負担すべきで，その成果も個人の努力による私的利益と見なされているというのです（中澤，2014）。こうした問題は一朝一夕に解決できるものではありませんが，本来，日本人は教育の重要性をよく認識していたはずであり，その成果は広く国全体に及び，したがって，その費用は公的にまかなわれるべき（こうした財・サービスを経済学では公共財と呼びます）であるという意識が社会全体で共有されるようにしていく必要があるでしょう。

6．技術革新と全要素生産性

　経済成長の要因を分析する際に最も問題となるのは，技術進歩の貢献についての評価です。成長会計(2)式に示したように，経済成長率は資本と労働の寄与度と技術進歩率の合計に等しくなります。しかし，いうまでもありませんが，技術進歩率つまり一国の生産技術水準が進歩する速度は，労働人口や機械の台数のように量的に直接測れるものではありません。一般に技術進歩率は，(2)式の左辺のGDPの変化率から右辺の2つの生産要素の寄与度を差し引いた「残差」として間接的に推計されます。これを全要素生産性（TFP）上昇率といいます。TFP上昇率は，厳密には技術進歩率ではなく，それを含む生産要素の貢献では説明できないGDPの増加分のことです（その意味で経済学者の無知の指標ともいわれます）。

　技術水準は研究開発（R&D）支出などに依存し，そうした活動は国民の貯蓄行動，金利，産業構造，特許制度，政府の技術政策などの影響を受けます。技術進歩が起こるメカニズムを経済学的に説明しようとした研究はこれまでいくつかありますが，成功しているとはいえません。技術を進歩させるイノベーション（技術革新）とR&D支出，政府の技術政策については第10章で説明しますが，ここでは技術進歩そのものではなく，戦後の日本の経済成長におけるTFP上昇率の寄与についてだけ若干見ておきたいと思い

ます。

　深尾（2020）の分析によれば，高度成長期の労働生産性上昇率，つまり労働者 1 人当たり GDP 上昇率は年平均 7.5％ありましたが，その最大の源泉は TFP の上昇 3.2％で，次いで資本投入の増加 3.0％，産業間の労働移動を中心とする労働の質の上昇 1.3％でした。企業の旺盛な設備投資によって高度成長が実現したのは間違いありませんが，同時に当時の日本には，欧米諸国に対して技術的にキャッチアップする大きな余地があったこと，さらに第 1 次産業に膨大な余剰労働力があったことなど，1 回限りの好条件に恵まれていて，それらを利用することにより高度経済成長は実現したといえます。

　しかし，こうした有利な条件が失われたため，労働生産性上昇率はその後，1970〜80 年代の安定成長期には 4.2％，1990 年代以降の長期停滞期には 1.4％へと次第に低下していきました。労働生産性上昇率の下落 6.1％ポイントのうち，2.9％は TFP 上昇率の減速によって，2.2％は労働者 1 人当たり資本増加の減速によって起こりました。日本経済の低迷の理由として，キャッチアップが完了したことで TFP 上昇率が伸びなかったことが大きいですが，同時に設備投資の不振で労働者 1 人当たりの資本が伸び悩んだことも大きく，その理由としては，前述のように労働人口の減少が影響していると考えられます。

　したがって，供給側から考えたとき，労働人口の減少に歯止めをかけることと，労働人口減少を補うべく人的資本投資と技術進歩の促進を図ることが，これからの日本経済の成長にとって必要であるといえます。

7．貯蓄・投資と資本蓄積

7-1　貯蓄と投資

　設備投資にしても人的資本投資にしても資金が必要であり，海外から借りる以外はそれをまかなうのは国民の貯蓄です。国民が貯蓄した資金は，銀行の融資や債券（国債・社債），株式の購入を通じて企業や政府が行う投資の

原資となります。

　貯蓄とは，所得のうち消費されない部分であり，短期における GDP 決定理論であるケインズの有効需要の原理では，乗数プロセス（コラム 2-3）からの漏れとして GDP にマイナスに作用します（伊藤（2012）などを参照してください）。しかし，長期においては，貯蓄は投資の原資として物的・人的な資本蓄積に貢献し，経済成長にプラスに働きます。貯蓄が経済成長に与える効果には，このように二面性があります。しかし，いうまでもなく貯蓄が行われても，それが投資に使われなければ経済は成長しません。貯蓄超過（＝投資不足）は，需給バランスの面では需要不足を意味し，これはマイナスの乗数効果を通じて GDP を減少させてしまいます。貯蓄と投資がバランスよく増加していくとき，経済は持続的に成長します。

Column	2-3　乗数プロセス

　何かの原因，例えばオリンピックのような大きなイベントが開催されることで，消費や投資などの需要が増加すると，その需要増加に応じて財・サービスの生産が増加し，その生産活動に参加した人々は，それぞれの貢献に応じて所得を受け取るでしょう。そして，所得の増加した人々は，少なくとも増加した所得の一部を消費に当てるでしょう（これを派生的消費需要といいます）。すると，また生産と所得が増加して，…というように，当初の需要増加が次々と生産と所得の増加を生み出していきます。このように，需要，生産，所得が累積的に増えていく過程を乗数プロセスといいます。乗数プロセスの結果，当初の需要増加の何倍かの需要と生産の増加が起きることになります。これを乗数効果といいます。

7-2　貯蓄投資ギャップ

　図 2-3 は，日本の部門別の貯蓄投資ギャップ（＝純貸出／純借入，コラム2-4）の推移を見たものです。これによれば，民間部門（家計と法人企業）は一貫して「純貸出」（貯蓄超過＝投資不足）であり，これが政府と海外の「純借入」（貯蓄不足），すなわち財政赤字と海外部門の赤字（＝日本の経常

図 2-3　制度部門別の貯蓄投資バランス（対 GDP 比）：1994-2019 年

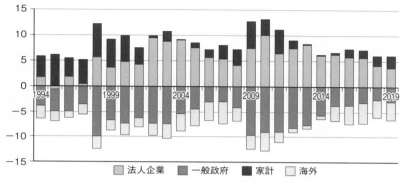

出所：「制度部門別の純貸出（＋）／純借入（－）」（内閣府経済社会総合研究所「国民経済計算」）

収支黒字）の穴埋めに使われています。したがって，民間貯蓄が日本国内の資本蓄積と経済成長に十分活用されているとはいえません。

Column	2-4　貯蓄投資ギャップ

　話をわかりやすくするために，コメで考えます。本文中に述べたように，貯蓄とは生産されたコメのうち，消費されなかったものであり，それは翌年の種もみとして使われます。これが投資です。したがって，すべての農家で見れば，貯蓄と投資は等しくなります。しかし，農家によっては，貯蓄したコメをすべて投資せず，残ったコメを他の農家に貸し付けるでしょう。これが本文にある貯蓄超過（純貸出）です。逆に，貯蓄した以上に投資をする農家は他の農家からコメを借りる必要があります。これが貯蓄不足（純借入）になります。

　特に問題なのは，1990 年代末以降，本来は資金を家計等から借り入れて投資をするはずの企業部門が，家計部門を上回る貯蓄超過を出し続けていることです（1990 年代半ばまでは一貫して投資超過でした）。図によれば，企業の貯蓄超過は 1997 年の金融危機をきっかけに拡大し，その後高い水準を維持しています（第 1 章参照）。企業部門が貯蓄超過であるということは，収益が伸びているにもかかわらず，設備投資に慎重であることを表していま

す。一方，家計の貯蓄超過は高齢化の影響もあり，近年はそれほど大きなものではありません。

　日本企業はなぜこのように投資をしなくなってしまったのでしょうか。前節で見た成長会計によれば，高度成長期以降の成長率低下の大きな要因は，TFP の伸び悩みと設備投資の低迷ですが，図 2-2 で見たように，さらにその根底には人口減少と高齢化による労働投入の減少という要因があるように思われます。先に述べたように，人口減少・高齢化は消費需要を減退させ，それにより企業の収益・投資機会が失われます。

　この苦境をはね返すような，日本発の画期的なイノベーションはまだ起きていませんが，昔から必要は発明の母といわれます。人口減少，高齢化，労働力不足といった，日本が抱える課題を乗り越えるようなアイデアの登場が待たれるところです。課題先進国としての日本には投資と成長の種がたくさんあるといえるのではないでしょうか。

8．おわりに―成長力を取り戻すために

　本章では，長期にわたる日本の生産と所得の低迷の原因について考えてきました。これまで述べたように，GDP は需要と供給の相互作用によって決まり，両者の持続的な拡大が相まって経済成長が実現します。では，何がつまずきの石なのでしょうか。現状から脱却するために必要な経済政策はどのようなものでしょうか。

　ポイントは繰り返しになりますが，需要と供給が足並みをそろえて高まっていかないと，持続的な経済成長は実現しないという点です。金融緩和や財政拡大によって需要を増加させたとしても，そこで生まれる需要はどのようなものなのか，それを供給する能力が国内に備わっているのかといったことを同時に考えないと，景気拡大が一時的なものに終わってしまったり，インフレーションを引き起こしたり，輸入増加と貿易赤字の拡大という事態を招いたりするだけで，持続的な経済成長にはつながりません。

　図 2-3 の貯蓄投資ギャップの動向について述べたように，需要不足とデフ

レ圧力を生んでいるのは，企業による設備投資の停滞です。デフレが続いてきたことから，需要が不足していることは間違いありません。それでは不足している需要さえ政策的に創り出せば，経済成長が回復するのでしょうか。しかし，バブル崩壊以降，総需要刺激策は十分すぎるほど行われてきたのではないでしょうか。それは図2-3の政府部門の持続的な赤字とその結果としてのGDPの2年半分に相当する政府債務残高にも表れています。約10年にわたる大規模金融緩和も実施されてきました。これに対してまだ足りない，タイミングが遅いという批判もありますが，ではさらにどれだけ需要を追加すればよいのでしょうか。

　深尾（2020）によれば，GDPに対する民間投資の低下の背景には，需要不足だけでなく，少子高齢化や過剰資本といった構造的な要因が働いており，金融緩和等でデフレから脱却すれば需要不足問題が解決するというのは，あまりに楽観的であるといいます。また，神津（2022）は，単純に総需要を刺激し続けると古い需要も刺激してしまうことになり，それではかえって経済の構造調整を遅らせ，持続的な成長が実現できないと指摘しています。そうした問題を考慮すれば，上にも述べたように人口減少，高齢化，労働力不足など，ますます深刻化する日本の課題を克服するための新たな需要を掘り起こすこと，そのための構造的政策や社会・経済制度設計を通じて供給サイドのイノベーションを誘発することの方がむしろ必要ではないでしょうか。

　一方，需要に関しても持続的な成長のためにできることはあります。まず，上記のような課題解決のための設備投資に補助金などの政策的インセンティブを付与することです。また，設備投資のみならず家計消費にも伸びしろはあります。家計消費の伸びを抑制している要因として，所得分配上の問題を指摘できます（第4章参照）。最低賃金のさらなる引き上げや所得税など税制の再分配機能を高めることを通じて所得格差を縮めることで，家計消費を増やすことが期待できます。あるいは，少子化による人口減少・高齢化といった課題を乗り越えていくためには，医療や介護，保育といった分野で働く人々の所得を引き上げ，それらの分野の雇用を増やしていくことが不可

欠です。これは需要・供給両面から経済成長につながるでしょう。

　そのためには，いわゆる日本的雇用慣行を見直すなど，雇用の流動化を図り，労働資源の再配分を図るべきでしょう。すでに見たように，高度成長期に農村部の余剰労働力が都市部の工業労働者として吸収されたことで，労働の効率が高まり，経済成長を支えました。日本では，高度成長後は，成長率の低下にもかかわらず，日本的雇用慣行の下で完全雇用に近い状態が維持されてきましたが，雇用の維持と引き換えに産業構造の転換が進まず，生産性と所得の上昇が犠牲になったとはいえないでしょうか。産業構造の転換によって一時的に失業状態になったとしても，失業給付と併せて再就職支援等のための積極的労働政策を充実させておけば，生活困難に陥るどころかその後の生活の安定につながるでしょう。

　また，人的資本の蓄積や技術進歩を進めていくためには，教育や研究・開発への公的支援の強化は欠かせません。いずれにしても，政府の役割が重要になります。まず無駄な支出を洗い出し，削減する行財政改革の必要性は言うまでもありませんが，それだけでは必要な財源をねん出することは無理でしょう。高齢者関係の社会保障費を削ることは難しいですが，その一方で現役世代への過重な負担を負わすことは，さらなる人口減少と成長抑制につながってしまいます。そのため，高齢者世代内での所得再分配を強化すべきです。また，贈与税・相続税を重課し，格差が世代を超えて拡大していかないようにする必要もあります。また，高齢社会において公平，効率的な財源として安定した税収をもたらす消費税の税率引き上げは不可避でしょう。

参考文献

伊藤元重（2012）『マクロ経済学（第2版）』日本評論社。
D・アセモグル／D・レイブソン／J・リスト（2019）『マクロ経済学』東洋経済新報社。
深尾京司（2020）『世界経済史から見た日本の成長と停滞──1868-2018』岩波書店。
神津多可思（2022）『日本経済──成長志向の誤謬』日本経済新聞出版版。
毛受敏浩（2017）『限界国家──人口減少で日本が迫られる最終選択』朝日新書。
友原章典（2020）『移民の経済学──雇用，経済成長から治安まで，日本は変わるか』中公新書。
中澤渉（2014）『なぜ日本の公教育費は少ないのか──教育の公的役割を問いなおす』勁草書房。

第 3 章

物価について

1. そもそも物価とは？

　個々の商品の価格についてなら話は簡単です。自分が買おうとしている商品の価格が上昇すると困るし，低下すれば嬉しい。では「物価」の場合はどうでしょう？　そもそも「物価」とは何なのでしょう？

　「物価」という言葉を辞書で調べると，「商品の価格を総合的平均的に見たものをいう」というような定義が出てきます。したがって物価というときは，個々の商品の価格ではなく，多くの商品の価格の全体的な傾向を問題としているわけです。でも「総合的平均的」といっても，どうすれば総合的平均的に見ることができるのでしょうか。

　物価の動きは，物価指数の変化としてとらえられます。それでは物価指数とは何なのでしょうか？

　まずある 1 つ商品，ランチの価格について考えてみましょう。2020 年にランチの価格が 500 円だったとします。そして 2021 年のランチの価格が 600 円になったとします。そうすると 2021 年のランチの価格は，2020 年にくらべて 1.2 倍になったことになります。2020 年のランチの価格を 100 とすると，2021 年のランチの価格は 120 となります。この 120 という数字のことを，2020 年を基準年としたときの 2021 年のランチの価格指数とよぶことにします。

　消費者物価指数，卸売物価指数，GDP デフレーターといった代表的な物価指数は，対象とする商品や計算方法に違いがありますが，このように計算

される価格指数を，取引金額をウェイトとして平均したものになります。ですので物価指数は，基準年の物価を 100 として，他の年の物価を表していることになるのです。

　物価指数の変化率を計算すれば，物価変化率が求まります。例えば 2020 年を基準年として，2016 年の物価指数が 98.1，2017 年の物価指数が 98.6 だったとしましょう。そうすると 2017 年の物価変化率は 0.5％ということになります。

　物価変化率がプラスであれば物価は上昇していることになりますし，マイナスであれば物価は低下していることになります。物価指数が継続的に上昇している状況のことをインフレ（「インフレーション」の略），低下している状況のことをデフレ（「デフレーション」の略）といいます。

2．物価変化率の推移

　では，代表的な物価指数の 1 つである消費者物価指数の変化率について見ていくことにします。消費者物価指数は，家計が購入する商品を対象としています。消費者物価指数は，総務省統計局が作成しており，長期時系列データについては政府統計の総合窓口である e-Stat というサイトからダウンロードすることができます。

　図 3-1 を見ると，1970 年代に物価上昇率がとても高かったことがわかります。1973 年から 1975 年にかけて，消費者物価指数の変化率は 10％以上でした。1974 年には 23.2％となっています。このような物価上昇は，当時「狂乱物価」とよばれました。1970 年代にはインフレが経済問題として認識されていたのです。

　1980 年代に入ると，物価上昇率はは沈静化していきました。前年の 3.7％から 1980 年には 7.7％に 4 パーセントポイント増加したものの，その後徐々に低下していき，1987 年には 0.1％まで低下しました。1980 年代の終わりから 1990 年代の始めにかけて，物価上昇率は 3％ほどになりましたが，これはそれほど大きな数値ではありません。こうして日本では，物価が経済問

図 3-1　消費者物価指数

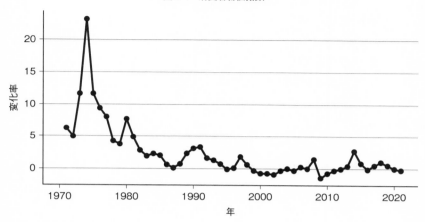

出所：総務省統計局

題として認識されることは少なくなっていったのです。

　しかし物価上昇率はさらに低下し，1995年にはマイナス0.1となりました。1990年代の終わりからは，物価変化率はマイナスとなる年が多くなっています。消費者物価指数は1997年に97.7でしたが，2013年には94.9です。15年で物価はおよそ2.9%低下したことになります。2000年頃から，今度はデフレが問題視される時代が続いてきたのです。

　さらに時代は進み，この原稿を書いている2022年の9月には，物価の上昇に関するニュースが増えています。2022年8月19日に総務省から公表された報道資料では，7月，消費者物価の総合指数は2020年を100として102.3，前年同月比は2.6%の上昇，前月比（季節調整値）は0.4%の上昇となっています。

　では，物価の上昇や低下は，悪いことなのでしょうか？　それに答えるためには，物価が変化する原因について考えないといけません。

3．物価変化の原因

3-1　価格の硬直性

　本節では，物価変化の理由を説明するわけですが…そもそも物価はそんなに激しく変化するものではないのです。

企業の行動

　経済学の講義で，「価格は需要と供給によって決まる」と習ったことを憶えている人もいるでしょう。供給よりも需要が大きければ価格は上昇し，需要よりも供給が大きくなれば価格は低下する。しかし実際の価格は，需要と供給で決まる水準ほど変化しません。これは「価格の硬直性」とよばれます。個々の商品の価格が硬直的なのですから，物価も当然硬直的ということになります。

　なぜ価格は硬直的なのでしょうか？　まず市場が競争的であることがあげられます。企業は自社の商品を売るために，市場で競争しています。同じような商品が，一方では1万円，他方では5千円で売られていたら，みんな5千円の方を買おうとするでしょう。商品が売れなかったら，企業は丸損です。ですから，企業は自社の商品を値上げすることに慎重になるわけです。

　最近では，実質的な値上げを隠すために，商品当たりの内容量を少なくする「ステルス値上げ」が話題になっています。消費者をバカにしているようにも思いますが，これは価格値上げによる顧客離れを恐れる企業の姿勢を示すものだと考えることもできることもできるでしょう。

　一方で企業は，商品が売れないからといって，値下げすることにも慎重です。同じような商品でも，企業は，自社の商品が安心できる品質の高いものだとアピールしようとしています。こうした企業の行動を経済学では「製品差別化」といいます。マーケティングなどの分野では「ブランド価値の維持」と表現するでしょう。例えば売れないからといって，1万円で売っていたアクセサリーを5千円で売ったら，消費者はそのアクセサリーをその程度の価値のものだと評価するようになってしまいます。そうすると消費者は，

そのアクセサリーを１万円で買おうとはしなくなるでしょう。一度値下げすると，企業としては元の価格に戻すことが困難になってしまうのです。

　生鮮食品などの場合だと，工業製品などの場合と異なり，豊作・不作によって生産量は大きく変化します。また生産したらすぐに売らないと，商品がダメになってしまいます。消費者としても，そのあたりのことはある程度理解していますよね。だから，他の商品とは異なり，生鮮食品の価格は大きく変化します。そのため，生鮮食品の価格は消費者の生活にとって重要ですが，消費者物価指数でも，生鮮食品を除く物価指数が計算されています。

賃金

　物価が硬直的な，もう１つの理由が賃金です。自分がアルバイトをしている状況を考えてください。アルバイトに入る予定が入っていたのに，「今日は仕事が少なそうだから，時給は半分ね」と雇い主から言われたら，まじめに働こうという意欲はなくなってしまうでしょう。正社員で働いている場合はなおさらです。賃下げは，労働意欲を大きく損なうのです。そのため賃金は「下方硬直的」だといわれます。

　賃金は商品の生産コストの大きな部分を占めます。企業としては，労働者にちゃんと働いてもらうために，賃下げをできるだけ避けようとします。しかしそれだけに賃上げにも慎重になります。なにしろ，一度賃上げしたら，経営が苦しくなって元の賃金に戻したとしても，労働者の意欲は元に戻らないわけですから。

3-2　供給要因

一次産品の価格

　物価の変化の要因として分かりやすいのは，一次産品の価格上昇でしょう。原油や小麦など，国際的に取引される商品の価格は，日本経済の事情にかかわらず，世界市場で決まります。そして原材料やエネルギーとして，はば広い商品の生産に用いられるため，物価水準に大きな影響を与えるのです。

(1) オイルショック

　1970年代の物価上昇の一因は，1973年の第4次中東戦争をきっかけとするオイルショックだといわれています。第4次中東戦争はイスラエルとエジプト・シリア連合軍との戦闘ですが，このとき，サウジアラビアなどの産油国は，エジプト・シリアを支援するため，アメリカなどイスラエル支援国への石油禁輸措置，減産，原油の公式販売価格の値上げを決定しました。このため，わずか数か月で原油価格は4倍以上になったのです。

　これは日本にも大きなショックを与えました。なぜかトイレットペーパーなどの買占めがおこり，スーパーなどの棚から消えてしまったのです。トイレットペーパーと原油価格とは直接関係はないのですが。とはいえ，2020年のコロナのときもやっぱりトイレットペーパーが消えていましたね。

　1973年秋からのオイルショックに日本経済が大きな影響を受けた原因には，エネルギー需要について，今よりずっと石油に依存していたこともあります。その後，日本経済はエネルギー源の多様化をすすめ，石油依存率を下げるように行動しました。そのため1979年に始まる第2次オイルショックでは，同じように原油価格が上昇したにもかかわらず，日本経済へのダメージは小さかったのです。

(2) ロシアのウクライナ侵攻

　2022年2月，ロシアがウクライナに侵攻を始めました。現在（9月）でも戦闘が続いています。

　ロシアは世界有数の石油・天然ガスの生産国ですし，小麦の輸出でも世界のトップを占めていました。ロシアほどではありませんが，ウクライナも小麦の輸出大国です。戦争により，生産が滞ったり，輸出できなくなったりで，世界的にエネルギー価格，食料価格が上昇しているようです。

為替レート

　為替レートが変化すると，日本が輸入する商品の外貨建ての価格に変化がなくとも，円建ての価格は変化します。

　特に重要なのが，米ドルとの間の為替レートです。貿易相手国としては，中国の方が大きくなりましたが，主要な一次産品などはドル建てで価格が決

まり，米ドル建てで取引されることが多いのです。さらに日本以外の各国も，米ドルとの間の為替レートを安定させようとする傾向があります。

　ニュースなどでよく目にするのは，1ドル何円という表現でしょう。これは何を意味するのでしょうか？　もちろん，1ドル130円であれば，1ドルと130円が交換されるということです。ふつうの商品の価格を思い出してください。ランチの価格が500円というのは，ランチ1食が500円と交換されるということです。ですので，1ドル何円というかたちで表される為替レートは，円で測ったドルの価値を表しているのです。

　ですので，例えば1ドル120円から1ドル140円になったとしたら，ドル高です。ドルが円に対して高くなっているのですから，円はドルに対して安くなっています。すなわち円安です。「1ドル何円」の「何」で表された数字が大きくなると円安，小さくなると円高ということになります。ちょっと混乱しますね。

　円安になった場合を考えてみましょう。価格が100ドルの商品を輸入する場合，1ドルが120円であれば，1万2千円を100ドルに交換して買うことができます。ですので，価格が100ドルの商品は日本で1万2千円+αで売ることができます。しかし1ドル140円になると，1万4千円を出さないと100ドルに交換できません。したがって同じ商品を1万4千円+αで売らないとペイできないことになります。そうすると，円安は，物価を上昇させる原因になるわけです。逆に円高は，物価を下落させる原因になる。

　一方で円安は，日本からの輸出品の，外貨建て価格を安くさせることを可能にします。安くすれば売り易くなりますし，価格を維持すればより多くの円建ての利益が出ます。ですので，円安になると，輸出企業の業績が良くなる。したがって日本の景気も良くなる（かも？）というニュースが出てくるし，円高だと逆のニュースが増えるのです。

　日本銀行の「時系列統計データ　検索サイト」で，円と米ドルとの為替レートを見てみましょう。

　2022年始めまでは，1ドル約110円だったのが，8月には1ドル約140円と急激に円安が進んでいます。価格が100ドルの商品の円建て価格は，1万

1 千円＋α から 1 万 4 千円＋α になってしまったわけす。これだと，物価も上がってしまいますね。

賃金

　価格の硬直性について述べたように，経営者は賃金を上げたがらないものです。ですので，物価が上がったからといって，そんなに賃金は上がらないでしょう。

　でも，長期的にはどうでしょうか。労働者が足りないということになれば，賃金を上げざるをえません。そうすると，賃金上昇が物価上昇の圧力になります。

(1)　出生数の推移

　幸いなことに医療技術が進歩し，人はそんなに若いうちに死ぬことはなくなりました。そのため高齢化が進むことになります。一方で，出生数はどうでしょうか。

　厚生労働省の人口動態調査を見ると，戦前の日本の出生数は，200 万人から 220 万人あたりを推移していました。総務省統計局の「日本の長期統計系列」によると，さすがに終戦の年になると 160 万人以下に激減します。しかし終戦後，出生数は激増し，1949 年には 270 万人近くになっています。貧しい人の方が豊かな人よりも子どもは少ない傾向があります。日本中が貧しかった終戦直後，出生数が激増するというのは不思議ですね。

　この 1947 年から 1949 年に生まれた人たちは「団塊の世代」とよばれます。2022 年現在だと，75 歳から 77 歳くらいの年齢の人たちです。75 歳以上になると，いろいろ体にガタも出てくることも多くなるので，後期高齢者と区分されます。ここ数年で，後期高齢者はとても増えたのです。

　団塊の世代が結婚して，子どもを生む年齢になると，ふたたび出生数が増えます。1971 年から 1974 に生まれた世代は団塊ジュニアとよばれます。この頃の出生数は年 200 万人ほどでした。

　その後，出生数は減少していきます。さらに団塊ジュニアの世代が結婚をし，子どもを生もうとする時期（2000 年前後），日本は深刻な不況下にありました。その結果，出生数は増えず，団塊サードとよばれるような世代は生

まれませんでした。その後は，さらに出生数は減少していきます。2021年
の出生数は，過去最低の81万1,604人でした。

(2) 労働力の推移

　図3-2は，総務省統計局の労働力調査による人口の推移を示しています。
「15歳以上人口」が，働ける人口ということになります。15歳以上人口
は，ずっと増加して続けていたのですが，少子化の影響で，1990年代あた
りから増加が緩やかになり，2010年代からはほぼ頭打ち，近年はむしろ減
少しています。

　15歳以上人口のうち，働こうとしている人の人口が「労働力人口」です。
労働力人口は，1990年代の後半に減少に転じていますが，近年ではむしろ
増加しています。これは働こうとしない人の人口（非労働力人口）が減って
いるためです。つまり，これまで働こうとしなかった人が働こうとしている
ため，15歳以上人口が減りはじめているにもかかわらず，労働力人口が維
持されているのです。これは主に，働く女性が増えたことによるようです。

　団塊の世代が後期高齢者になりましたが，喜ばしいことに（あるいは残念

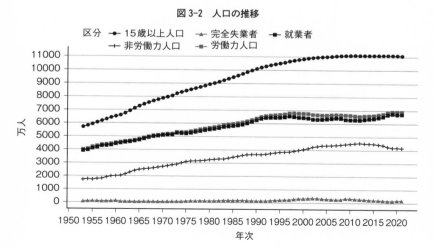

図3-2　人口の推移

出所：総務省統計局

なことに），団塊の世代がすぐに亡くなるわけではありません。団塊の世代
が消費する財は生産され続けられる必要があります。一方で，出生数の減少
により，マックスの労働力人口である15歳以上人口は減り続けるでしょう。
したがって，長期的には，労働力の需給は逼迫すると予想されます。これは
物価上昇圧力となるでしょう。

3-3　需要要因

　景気は悪いより，良い方が良いですよね。では，景気が良すぎるとどうな
るでしょうか？

　景気が良いというのは，将来の経済状況について楽観的になって，みんな
がどんどん買い物をするような状態です。景気が過熱すると，商品の供給能
力を需要が上回ってしまうことになります。そうすると価格はさすがに上昇
し始めます。他が値上げしていれば，自分のところが値上げしても批判され
ないだろうと，企業の値上げに慎重な姿勢は弱くなります。こうして物価が
上昇していくことになるのです。

　いくら景気が良いからといっても，物価が上昇するのも困りものです。で
すので，景気が過熱し，物価の上昇が見られるようになると，中央銀行（日
本の場合は日本銀行）は金融引締め政策をとるようになります。金利が上が
れば，さすがに借金をしてまで買い物をしようとは思わなくなりますよね。

　逆に景気が悪いと，みんな買い物をしなくなるので，今度は物価が下落す
ることになります。この場合，中央銀行は金融緩和策をとり，景気を刺激し
ようとします。

　しかし金融緩和は，金融引締めほど効きません。将来が不安だと，金利が
下がったからといって，買い物をしようということにはあまりなりませんよ
ね。さらに金融緩和には限界があります。いくら金利を下げようとしても，
ゼロ以下にすることは，技術的に難しいですし，副作用も大きく，実質的に
は不可能だと考えられています。

3-4　貨幣的要因

　個々の商品の価格とは，その価値をお金で測ったものです。ランチ1食は500円と同じ価値を持つというように。これを逆に考えると，1円はランチ1/500食分の価値を持つわけです。物価についても同様です。物価指数が100のとき，100円で平均的な商品を1単位買えるとしましょう。この場合，1円の価値は平均的な商品1/100単位分ということになります。物価指数が101に上昇したらどうなるでしょう。平均的な商品1単位を買うために必要なお金が101円になったのですから，1円の価値は平均的な商品1/101単位分に低下したことになります。1円と交換される平均的な商品の数量を「お金の価格」と考えることにしましょう。

　個々の商品の価格は需要と供給により決まります。需要が供給よりも大きければ価格が上昇するでしょうし，供給が需要よりも大きければ価格は低下するでしょう。お金についても，一種の商品ですから，同様です。でも，お金の供給や需要とは何によって決まるのでしょうか？　そもそもお金って何なのでしょうか？

貨幣の定義

　お金とは3つの機能をあわせ持つものだと考えられます。その3つとは，価値尺度，支払手段，価値保蔵の機能です。

　価値尺度機能とは，みんながさまざまな商品1単位の価値を，それと交換されるお金の量で判断するようになっているということです。ランチ1食が500円，ディナーが1食1000円というように。ランチ1食はディナー1/2食分の価値がある，ディナー1食はランチ2食分の価値があると考えても良いのですが，そんな計算は面倒ですよね。したがって，価値尺度機能を持つ商品は1つの商品，「貨幣」に収束していくことになります。

　支払手段機能とは，要するにお金を出せば商品を買えるということです。当たり前だろうと思うかもしれませんが，他の商品だとそうでもありません。リンゴが1個200円で売っていたら，200円を出せばそのリンゴを買えるし，ミカンが1個50円で売っていたら，50円を出せばそのミカンを買えます。しかし，ミカンを4個持ってリンゴ1個と交換しろと言われたら，リ

ンゴを売ってた人は「えっ？」ということになりますよね。ミカンを貰って
も，すぐ食べたいのでなければ，ダメになってしまいます。「いらないよ」
ということになってしまうでしょう。

　価値保蔵機能とは，なんでしょう？　「お金」を持つということは，要す
るに支払手段として持つのです。その「お金」の価値が，ミカンみたいにす
ぐに下がってしまうものであれば，そんなものは持っていたくありませんよ
ね。ですので，お金が機能するためには，その価値があまり変化しないこと
が必要になります。

　このように考えていくと，やっぱり「貨幣」という機能を持つ商品は1つ
に収斂していきそうですよね。

　では，何が「貨幣」ということになるのでしょうか？　そこでは「貨幣」
の支払手段機能がキーになります。皆さんのお財布の中に入っているコイン
やお札は，もちろん「貨幣」です。でも，支払手段はそれだけではないです
よね。クレジット・カードを使うこともできます。クレジット・カードを
使った場合，その金額は預金から引き落とされます。光熱費なども，預金口
座からの引き落としが普通です。預金残高も「貨幣」として使えるのです。
したがって，「貨幣」とは現金と，預金残高の合計と考えるのが適当だとい
うことになります。

貨幣需要

　もちろん，お金はあればあるほど良いのですが，ここで考えるのは，限ら
れた自分の資産を，どれだけ「貨幣」というかたちで保有しようとするかと
いうことです。

　貨幣需要の1つの要因は貨幣の支払手段の機能と関係します。一定期間に
たくさん商品を買うのであれば，それだけたくさんの貨幣を持っていなけれ
ばなりません。土地や宝石も一種の資産ですが，買物をするときにこれらを
使うことはできませんから。したがって貨幣需要は，大体実質 GDP に比例
すると考えられます。

　さらに貨幣需要は物価にも比例すると考えられます。日常的な支払に1万
円をもっていればだいじょうぶだったとしましょう。でも，物価が2倍にな

れば，保有しておくべき貨幣の量も2万円になります。

　しかし，物価上昇には逆の影響もあります。物価がどんどん上昇している場合，お金の価格はどんどん下がっています。そんなものは誰も持っていたくありません。そうすると，貨幣需要もどんどん減っていくことになります。需要が減ればお金の価格はさらに下がる。逆に言うと，物価がさらに上がるということです。こうした状況はハイパーインフレーションとよばれます。こうなると，最悪，日常のお金を使う取引が成立しなくなってしまいます。

貨幣供給

　貨幣供給の主体は中央銀行と市中銀行（いわゆるふつうの銀行）です。そして貨幣供給について考える場合には，中央銀行および市中銀行のバランスシートを考える必要があります。企業の資産と負債は等しくなるという，アレです。

1．中央銀行のバランスシート

　日本銀行（日本の中央銀行：日銀）の資産は主に日本政府の国債になります。負債は主に日本銀行発行券（お札のことです）と日銀当座預金（市中銀行による日銀への預金）になります。日本銀行発行券と日銀当座預金の合計のことをマネタリーベースといいます。そして，マネタリーベースの価値を，日銀がもつ資産である国債が裏付けてしているのです。

　国債とは，政府の借用書です。政府は国債を売って今お金を得るかわりに，国債をもっている人に，一定の期日に利子をつけてお金を返すと約束しているのです。政府がお金を返す能力は，政府の徴税能力に依存します。国民がみんな税金を払えない，ということになれば，国債の価値はゼロになってしまいます。そして国債の価値に裏付けられてる貨幣の価値もゼロになってしまいます。逆にいうと，物価が信じられないくらい跳ねあがるという事態になるのです。

　中央銀行は，マネタリーベースをコントロールすることで，貨幣供給をコントロールします。

2．市中銀行のバランスシート

　市中銀行の主な負債は，預金です。私たちが銀行にお金を貸しているのですから，銀行から見ると負債になるのです。一方，主な資産は，貸出と日銀当座預金，国債などの債券になります。

　銀行は貸出によって利子収入を得るのが仕事ですから，基本的にはお金を貸したいのです。だから，「べつにお金なんて借りたくないよ」という企業ばかりになったり，返済能力が疑われる企業ばかりになってしまうと困ってしまうのです。

　貸出は，貸倒れるリスクがありますが，日銀当座預金は安全な資産だとみなされます。資産が怪しい貸出ばかりだと，負債側の預金に対する銀行の返済能力に疑問が持たれてしまいます。ですので，資産の一定割合は，日銀当座預金というかたちで保有しなければならないよ，という制約が，市中銀行には課せられています。

3．信用創造

　ここで 1 つ思考実験をしてみましょう。

(1) A さんが B さんに 1 万円を貸したとします。この 1 万円は，B さんにとっては，お金として使うことができますが，A さんにとっては，お金ではなくなります。いくら 1 万円を B さんに貸しているからといって，その証文で買物はできないのです。

(2) A さんが銀行に 1 万円を預け，銀行が 1 万円を B さんに貸した場合はどうでしょう？　この場合，B さんにとってこの 1 万円がお金なのは (1) のケースと同じですが，A さんにとっても 1 万円を依然お金として使うことができます。

　このように貸出によって貨幣の供給を増やすことのできる銀行制度の仕組みのことを，信用創造といいます。

4．物価が変化すると何が変わるのか？

　ランチの価格が 2 倍になったら困ってしまいます。ですが，アルバイトの

時給も２倍になったのであれば，以前と変わることはありません。

　賃金や利子率も含めて，すべての価格が同じ率で変化するのであれば，物価の変化が実物経済に影響することはありません。これを古典派経済学の二分法といいます。

　現実には，物価が変化すると，困る人が出てくるし，逆に喜ぶ人が出てくることもあります。その人がどういう状況に置かれているかによって，物価の変化の影響は同じではないのです。さらに，物価変動の理由によっても，その影響は異なってきます。

4-1　一次産品の価格変化が原因の場合

　日本が輸入する一次産品の価格の上昇は，日本経済にダメージを与えます。これは付随する物価の上昇というよりも，まず交易条件の悪化ということから生じます。

　交易条件は，輸出価格（輸出品の物価）を輸入価格（輸入品の物価）で割ることによって求められます。輸入する一次産品の価格が上昇すると，交易条件は低下することになります。でも価格を価格を割ると何が求まるのでしょうか？

　リンゴ１個の価格が200円，ミカン１個の価格が50円だったとしましょう。この場合，ミカン４個で200円，リンゴ１個と同じ価値になります。そうすると，リンゴの価格をミカンの価格で割った４という値は，リンゴ１個と交換されるミカンの数量を表すことになります。

　交易条件についても，同じです。交易条件が低下（悪化）するということは，同じ量を輸入するために輸出しなければならない商品の数量が増加するということなのです。為替レートの変化も，同様に考えることができるでしょう。

4-2　賃金の変化が原因の場合

　労働力が過剰で賃金が抑えられる。そのためにデフレが続いたというのが，ここ30年ほどの日本経済だったのかもしれません。労働力を供給する

家計部門には打撃です。そのため，さらに少子化が進んでしまったという面もあるでしょう。

　しかし企業にとっては悪いことではありません。なにせ労働力が過剰なのですから，労働力を安く使うことができます。企業と労働者の利害が一致するとは限らないのです。人材を使い捨てるブラック企業が問題視されるようになったのも，これまで労働力が過剰だったということが背景にあると考えられます。

4-3　需要要因に由来する場合

　景気が良ければインフレ傾向に，悪ければデフレ傾向になります。

　しかし実際のところ，景気が良すぎてインフレが進むということはあまりありません。そういう気配が見られるようになれば，中央銀行が金融を引き締めるからです。

　では不景気の場合はどうでしょう。まず考えなければいけないのは，不景気はそれ自体良くないことである，ということです。物価にかかわらず，不景気は解決すべき問題なのです。

　不景気がデフレの原因なのか，デフレが不景気の原因なのかには議論があります。後者であれば，不景気の問題を解消するために，まずデフレから脱却しなければならないということになります。

　デフレ下では，企業は価格の調整をしにくくなります。これは企業の収益を悪化させ，企業の活力を阻害させると考えられます。ですので数パーセントのマイルドなインフレが望ましいといわれるのですが…。

　また，不景気だからといって，必ず物価が下がるというわけではありません。一次産品などの価格が大幅に上昇すれば，不景気であっても物価は上昇するのです。このような不景気下での物価上昇はスタグフレーションとよばれます。

4-4　資産・負債への影響

　見過ごされがちですが，物価の変動は資産・負債に大きな影響を与えるの

です。

　貨幣や債券は，資産のうち多くの割合を占めます。そしてデフレのときは，額面がそのままでも，その実質価値は増えていることになります。したがって貯金や国債を持っている人が得をすることになるのです。インフレのときは，その逆です。貨幣や債券の実質価値は低下します。資産保有者にとっては，たまったものではありません。そうすると，貨幣や債券の保有者は，株や土地などに資産を移そうとするでしょう。そうすると，さらに貨幣の価値は下がることになります。

　一方で，借金を負っている人にとってはどうでしょうか。インフレになれば，返さなければならない借金の実質価値は減少します。

　一口に言うと，インフレには，債権・債務関係をちゃらにするという意味で，平等化の側面があるのです。

5．おわりに

　この章では，物価変化の原因とその影響について考えてきました。物価は確かに大事な問題なのですが，どちらかというと，物価を変化させる原因自体の方が問題ということが多いのです。

　そして，通常，物価はそんなに変化しないのですが，上昇し始めると，中央銀行がコントロールできないほどのハイパーインフレーションが発生してしまうことがあります。これが物価の最大の問題になります。戦間期のドイツのインフレは世界史の教科書にも載っていますし，最近ではジンバブエやベネズエラのハイパーインフレーションを思い浮かべることができるでしょう。

　慎重な金融政策は，事故に対する保険のようなものだと考えられます。事故が恐いからといって保険をかけまくれば，生活できなくなってしまいます。でも，もしハイパーインフレーションという事故が起こってしまったら，目も当てられ惨状となってしまうのです。

第4章

格差と貧困

1．格差は問題なのか

　この章では，格差を取り上げますが，それを経済的な側面から考えること
にしましょう。経済の観点からしばしば取り上げられるのが，所得と資産で
す。所得とは，働いて稼いだお金，値上がった株を売って得たお金，持って
いる株からの配当金，持っている債券からの利子などです。資産とは，家や
土地などの実物資産や現金，株式，預金，債券などの金融資産などです。

　所得は，年収や月給のように一定期間に入ってくるものを指し，これをフ
ローと呼びます。資産は，預金残高や家のようにある一時点で存在している
ものを指し，これをストックと呼びます。親などからの経済的支援や相続な
どを除けば，所得と資産の関係は，所得として得たお金のうち，使わずに残
したお金が資産になります。したがって，経済力の源泉は，所得であると考
えることもできるでしょう。

　そこで，ここでは，所得に注目します。市場経済においては，所得は市場
で決まります。所得のうち，雇用者の所得を取り上げると，所得の大きさ
は，ある企業が新たにある人を雇う場合に，その人がどれだけ売上の増加に
貢献できるかで決まります。売上に大きく貢献できるほど，所得も大きくな
ります。売上に貢献した人は，社会における多くの人が多くのお金を出して
もよいと思うほどの価値を商品やサービスを通じて提供している人なので，
そのような人が多くの所得を得てもよいし，所得格差があってもよいように
思えます。

　しかし，所得格差が問題となるいくつかのケースが存在するため，所得格差の是正が政府によって行われています。

　第1に，最低生活の保障です。市場経済では，所得格差のうち，低所得の人で，最低限の生活を行うのに足りるだけの所得を得られない人たちがいます。日本の憲法でも規定されているように，日本のすべての国民は，健康で文化的な最低限度の生活を営む権利がありますので，最低限度の生活を行うに足りるだけの所得を得られない人に対しては，その不足分を政府が補填する必要があり，生活保護制度がこれを行っています。

　第2に，機会の平等の実現や貧困の連鎖の防止です。教育は，将来の所得を左右する大きな要素ですが，子が十分な教育を受けられるかは，親の経済力に大きく依存します。低所得の子が不利益を受けるのを防ぐために，日本では，義務教育が無料化されており，高等学校における授業料の実質無償化や大学における奨学金の充実などの政策もとられています。

　第3に，日本では問題になっていませんが，外国では，所得格差が社会階層間の分断をもたらし，社会に緊張や不安定をもたらすことがあるので，それを緩和することです。アメリカでは，格差拡大が白人ブルーカラーの不満を生み，それがトランプ氏の支持層になり，2016年のトランプ政権誕生の大きな原動力になりました。トランプ大統領は，外国の製品に関税をかけて，外国の製品を買いにくくし，国内の製品を買いやすくすることで，白人ブルーカラーを中心にアメリカの雇用を増やすという政策を実施しました。

　なお，日本を含む先進国では，病気，介護，老後の生活費の不足などに対して，国民が安心のできる生活を求め，それに政府が応えようとすると，そのために財源が必要になります。その際に負担能力も考慮した税や社会保険料の徴収がなされます。税や社会保険料の負担は，所得が大きい人ほど，負担額も多くなるので，それが所得格差の是正をもたらしていると考えることもできるでしょう。

2．2つの所得の概念とジニ係数

　所得を考える際には，2つの概念を区別して考えることが重要です。1つは，当初所得であり，市場で決まる所得のことです。もう1つは，再分配所得もしくは可処分所得であり，政府による介入があった後の所得のことです。再分配所得を式で表すと，以下のようになります。

　再分配所得（可処分所得）＝当初所得－（税金＋社会保険料）＋（年金などの社会保障給付）。

　次に，格差や不平等度を測るのに有用な尺度としてジニ係数があるので，これについて説明します。格差や不平等が大きいとか小さいとか言っても，基準がないと厳密な議論や比較ができません。ジニ係数は比較可能な基準を与えるので，きわめて有用です。

　ジニ係数は，0～1の間の値をとります。そして，1に近づくほど，格差が大（不平等）になり，0に近づくほど，格差が小（平等）になります。0のときに，完全平等になり，1のときに，完全不平等になります。図で説明し

図 4-1　ジニ係数

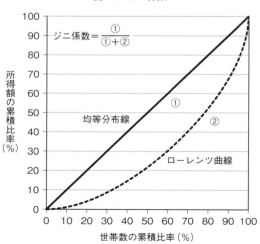

たほうがわかりやすいので，図（図4-1）を示すことにします。

　所得を稼いで，それを支出する人の単位として，個人や世帯が考えられますが，ここでは，世帯を考えることにします。したがって，世帯所得を取り上げることにします。そして，ある集団，例えば，ある地域や国などに住む世帯の集団における所得格差を測ることにしましょう。図の横軸は，所得の低い順に世帯を並べたときの世帯の累積数を，全世帯数で割り算した比率を示しており，縦軸は，横軸の累積された世帯に対応する累積された所得額を，全世帯の所得の合計額で割り算した比率を示したものです。

　例えば，100世帯の集団では，横軸の10%は，所得が低い順から10個の世帯の全体に占める累積比率を示しており，$10÷100$で0.1，すなわち10%になります。そして，横軸は，これらの10個の世帯の所得の累積額が，全100世帯の所得の合計額に占める比率を示しています。例えば，前者の累積額が50，後者の合計額が2,000だとすると，$50÷2,000$で0.025，すなわち2.5%になります。

　ここで，各世帯の所得が全く同じ，すなわち格差がなく完全平等な状態を考えてみましょう。例として，各世帯の所得は20としましょう。各世帯の所得が20であるとすると，世帯数は100なので，全世帯の所得の合計額は$20×100$で2,000になります。この場合に，横軸の10%に対応する縦軸の値は，$(10×20)÷2,000$で0.1，すなわち10%になります。横軸が50%に対応する縦軸値は，$(50×20)÷2,000$で0.5，すなわち50%になります。このようなことから，格差がなく，完全平等のときに，世帯数の累積比率と所得額の累積比率の組み合わせを示す点を結んだ線は，図の左下から右上に向けて45度線で示すことができます。これを均等分布線もしくは完全平等線と呼びます。

　他方で，最も格差が大きい完全不平等なとき，すなわち，100世帯の99世帯の所得がゼロで，1世帯だけがすべての所得を得るケースを考えてみましょう。このようなケースでは，横軸の1〜99%まで，所得がないので，縦軸，すなわち，全所得に占める累積所得額の比率は0%になります。そして，低所得順に並べた最後の100世帯目がすべての所得を得るので，横軸の

100％に対応した縦軸，すなわち，全所得に占める累積所得額の比率は
100％になります。

　実際のケースにおいて，世帯所得は，完全に平等でもなく，完全に不平等
でもなく，その中間にあります。所得が低い順に世帯を並べ，世帯数の累積
比率と所得額の累積比率の組み合わせを示す点を結んだ線をローレンツ曲線
と呼びますが，現実のケースにおけるローレンツ曲線は，ある程度の不平等
や格差が存在するので，図に示したように，均等分布線を下にへこましたよ
うな形状を取ります。

　不平等や格差を 0〜1 の間の数値で示すジニ係数は，図の均等分布線と
ローレンツ曲線に囲まれた面積（①）を，図の均等分布線から下の三角形の
面積（①＋②）で割り算した数値のことです。完全平等のときは，ジニ係数
の分子，すなわち，均等分布線とローレンツ曲線に囲まれた面積がゼロにな
るので，ジニ係数は 0 になります。完全不平等のときは，ローレンツ曲線が
横軸の 99％のところまで，横軸に貼りつき，横軸が 100％のときに，縦軸の
100％に対応するので，均等分布線とローレンツ曲線に囲まれた面積と図の
均等分布線から下の三角形の面積が一致するため，ジニ係数は 1 になりま
す。

　したがって，0〜1 の範囲でジニ係数の数値が上昇するほど，不平等や格
差が大きくなると，解釈できるので，現実世界の不平等や格差を測るうえ
で，ジニ係数は有用であるといえます。

3．格差の現状

　現状において，世界の主要国におけるジニ係数がどのようになっているか
をみていくことにしましょう。世界の主要国における再分配所得のジニ係数
は，OECD（経済協力開発機構）によって公表されており，日本と欧米の主
要先進国のジニ係数を示したのが，表 4-1 です。表に示した国の中で，格差
が一番大きいのはアメリカであり，次いでイギリスです。アメリカは個人の
自由を重視しており，政府による再分配を他の国ほど重視していません。格

表 4-1　主要先進国における再分配所得のジニ係数

調査年	国	ジニ係数
2019	アメリカ	0.395
2019	イギリス	0.366
2020	スウェーデン	0.278
2019	ノルウェー	0.261
2018	日本	0.334
2018	ドイツ	0.289
2019	フランス	0.292

出所：OECD（2022）Income inequality（indicator）

差が一番小さいのがノルウェー，次いでスウェーデンです。格差の小さい国は，北欧の国であり，高負担・高福祉，すなわち，付加価値税の負担が大きい代わりに，福祉や医療などの社会保障が充実している国です。北欧の国は，国民相互の支え合いを重視しているといえるでしょう。日本は，英米よりジニ係数は低いものの，北欧諸国より高く，独仏よりも高いところに位置しています。それゆえ，日本の格差は，主要な先進国と比較するとき，必ずしも小さいとはいえないでしょう。日本における格差で何が問題かについては，後ほど触れることにします。

　次に，格差を問題にするとき，それが時間を通じて拡大しているのか，縮小しているのかという観点が考えられます。格差が拡大している状況を示す言葉として，「K字経済」があります。すべての所得の合計において高所得者層の所得が占める比率が上昇し，他方で，すべての所得の合計において低所得者層の所得が占める比率が低下するとき，それを図にすると，Kの字になるので，それをK字経済と呼びます。アメリカでは，数十年にわたり，格差が拡大しているので，K字経済が当てはまるといえます。アメリカやヨーロッパの国などでは，格差が拡大する傾向が見られますが，日本はどうでしょうか。

　『令和2年版　厚生労働白書』によると，1990年の当初所得のジニ係数は0.43でしたが，その後，上昇傾向にあり，2017年のそれは0.56になってい

ます。したがって，ここ数十年間の傾向としては，当初所得において，格差は拡大傾向にあるといえます。他方で，政府によって再分配がなされた後の所得をみると，1990年の再分配所得のジニ係数は0.36であり，その後は，ほぼ横ばいが続き，2017年のそれは0.37になっています。したがって，ここ数十年間の傾向としては，再分配所得の格差は開いていないといえるでしょう。これは，格差の拡大の抑制という観点から，政府による再分配効果は大きかったといえるでしょう。

4．格差の原因

　ここでは，当初所得に注目して，格差が発生する原因について考えてみましょう。原因は以下に示すように，いくつかあると考えられます。ここでは，格差を発生させる要因として，デジタル化，グローバル化，非正規雇用化，高齢化の4つを取り上げることにします。

4-1　デジタル化

　第1に，デジタル化です。現代の社会では，多くの人がパーソナルコンピューターやスマートフォンを所有し，情報の収集や情報の交換をインターネットを通じて行うことが一般化しています。このような状況では，GAFA（Google，（グーグル），Apple（アップル），Facebook（フェイスブック），Amazon（アマゾン）から構成される）と呼ばれる巨大IT企業が，人々に便利なサービスを提供する一方で，インターネットを通じて得たデータを活用し，それビジネスに生かすことで，多大な利益を上げています。これらの企業は株価の時価総額でも世界ランキングの上位に来ています。近年における世界的な経済の低成長の下でも，これらの企業は，勝者総取りといわれるほどの利益を上げ，富の偏在をもたらしています。

　デジタル化は，雇用に影響すると考えられます。デジタル化に対応するために，企業にとって，ビッグデータを解析したり，AI（人工知能）を使いこなせるような人材，すなわちデジタル人材が必要になります。このような

人材が不足していると，企業が生き残れなくなる可能性があるので，このような人材を獲得するために，企業は高い賃金を提示する必要が生じます。それゆえ，スキルのあるデジタル人材の所得が上昇します。

　他方で，デジタル化によって，低・中スキルの労働を機械（ロボットなど）が行うことができるようになるため，低・中スキルの労働者の仕事が減り，低・中スキルの所得は伸び悩むことになります。欧米などでみられる中間層（中間所得層）の減少の背景の1つには，このようなデジタル化の影響があると考えられています。

　このように，デジタル化は，一方で，それに対応できるスキルを持つ人に高い所得をもたらし，他方で，そのようなスキルをもたない人の職を奪ったり，そのような人の所得を低下させる効果をもつので，所得格差を拡大させる要因の1つになると考えられます。

4-2　グローバル化

　第2に，グローバル化です。企業は生産を行うにあたって，より安価で，より質のよい原材料や労働力を使うことで，競争上，優位に立てます。このような生産工程を世界規模で行い，世界規模で生産をリンクさせることをグローバル・バリュー・チェーン（Global Value Chain）と呼びます。

　1985年のプラザ合意以前の日本の状況を説明すると，日本はアメリカに日本の製品を大量に輸出し，アメリカは日本から日本の製品を大量に輸入していたので，日本で貿易黒字が発生し，アメリカで貿易赤字が発生するという不均衡が生じていました。このような状況を解消するために，日本では，外国に製品を売らなくても，自国で製品を購入できるようにするために，金融緩和などの内需拡大政策がとられました。プラザ合意では，為替レートを円高ドル安に誘導することが合意され，それ以後，急激な円高が発生しました。円高，すなわち円の価値が高まると，外国製品が割安になるので，日本人は外国の製品を買いやすくなり，逆に，日本の製品が割高になるので，外国に日本製品を売りにくくなります。このような状況下において，日本人が外国の製品の購入を増やせば，日本の製造業の衰退につながります。日本の

製造業が，円高の影響を避け，人件費が安い外国に生産拠点を移転させれば，日本における製造業の空洞化が発生します。実際にこのようなことが生じたと考えられます。

　スキルの高い労働力であれば，新興国の労働力で代替することは困難ですが，低・中スキルの労働であれば，新興国の労働力で代替することが可能であり，新興国の労働力が国際的にみても割安であれば，グローバル・バリュー・チェーンの考え方の下で，日本の低・中スキルの労働力が新興国の低・中スキルの労働力に取って代わられることも自然な流れといえます。日本の製造業における低・中スキルの雇用の一部が失われことで，所得分布における中間層の一部も失われるために，日本における所得格差が拡大することになります。このことから，為替レートの影響を受けにくい雇用構造を維持するためには，代替の利かないような高スキルの労働者を育成していくことが重要になります。

4-3　非正規雇用化

　第3に，非正規雇用化です。『令和元年版　情報通信白書』によると，日本では，デジタル化の影響は少なく，1990年代初めの土地や株のバブルの崩壊による長期不況の下で，企業は，正規雇用者が行っていた低・中スキルの労働を，より賃金の低い非正規雇用者によって置き換えた可能性があります。このような状況では，雇用者が高い賃金が維持される正規雇用者の層と賃金が低い非正規雇用者の層に二分されるので，所得の格差が拡大します。正規雇用者と非正規雇用者の間の格差は，とりわけ日本において問題視されているので，次節で詳しく論じることにします。

4-4　高齢化

　第4に，高齢化です。日本では，高齢化が進行しています。内閣府の『令和3年版　高齢社会白書』によると，日本の高齢化率（65歳以上人口比率）は，1950年において5％未満でしたが，1970年に7％を超え，1994年には14％を超えました。その後も高齢化率は上昇を続け，2020年には，28.8％

に達しています。そして，2065 年には，38.4％に達すると予想されています。高齢化の進展にともない，高齢者の夫婦世帯や単独世帯も増加しますが，これらの世帯は，多くが退職しており，働いていても所得水準が低いため，このような世帯が増えることで，世帯所得の格差は拡大します。

　また，日本に特徴的な年功賃金制を前提とするとき，企業に雇われる若い新卒者の初任給はほぼ同じ水準から出発しますが，年齢が行くほど，企業規模や職種などの違いにより，昇給率に差が出てくるため，雇用者の年齢が上昇するほど，所得の格差が広がっていきます。このように，日本では，高齢化が所得格差に影響すると考えられます。

5．日本における格差問題

　第 1 節で，格差の是正が正当化されるケースとして，最低生活の保障と義務教育の保障を取り上げました。現在の日本では，これだけでは不十分といえるでしょう。

　日本において問題とされる格差や貧困として，正規雇用者と非正規雇用者の格差，そして，ひとり親世帯，特に母子家庭における貧困があります。

5-1　非正規雇用者の問題

　日本では，長期不況下で，多くの企業が既存の正規雇用者を守るために，正規雇用者の雇用を手控え，それを非正規雇用者で代替するという方法が採用しました。その大きな理由は，人件費を抑制するためです。その後も，非正規雇用者は増加の傾向にあります。総務省統計局の「労働力調査」によると，雇用者に占める非正規雇用者の比率は，1985 年の 16.4％から 2020 年の 37.2％へと上昇しています。

　非正規雇用者は低賃金など待遇面で不利益を被っていたので，政府は同一企業における正規雇用者と非正規雇用者との間の不合理な待遇差の解消を目指して，2020 年 4 月 1 日から同一労働同一賃金を導入しています。ただし，重要な仕事やスキルを要する仕事を正規雇用者に割り当て，補助的な仕事や

スキルを要さない仕事を非正規雇用者に割り当てれば，所得格差は解消しません。同じ内容の仕事でも，正規雇用者には仕事に責任や管理的な要素も付加すれば，その分，所得が増えるので，所得格差は生じることになりますし，同じ内容の仕事でも，非正規雇用者の労働時間を短くすれば，その分，所得が減るので，所得格差が生じることになります。

　ここで，厚生労働省の「令和3年　賃金構造基本統計調査　結果の概況」によって，賃金の格差をみてみましょう。それによると，男女計では，正社員・正職員の賃金が32万3,400円であるのに対し，正社員・正職員以外のそれが21万6,700円であり，男女別にみると，男性では，正社員・正職員のそれが34万8,800円であるのに対し，正社員・正職員以外のそれが24万1,300円であり，女性では，正社員・正職員のそれが27万600円であるのに対し，正社員・正職員以外のそれが19万5,400円となっています。年齢階級別に男女の賃金をみてみると，男性において，20歳代前半では，正社員・正職員の賃金と正社員・正職員以外のそれは20万円前後で大きな格差はないものの，50歳代前半をピークに年齢階級が進むごとに格差が拡大しています。50歳代では，正社員・正職員の賃金が42万円台であるのに対して，正社員・正職員以外のそれが24万円台であり，正社員・正職員以外の賃金は正社員・正職員以外のそれの6割弱になっています。女性においては，正社員・正職員の賃金は，20歳代前半の21万円台から50歳代の30万円台と上昇傾向がみられますが，正社員・正職員以外のそれは，20歳代前半の約18万円から年齢階級が進むにつれてやや上昇するものの，その後は20万円を超えることはほぼありません。

　以上のことから，正規雇用者と非正規雇用者の間で格差があり，正規雇用者のうちでも男女間で格差があるといえるでしょう。管理的な仕事はしたくないとか，長い時間働きたくないという理由で，非正規雇用を選択し，所得が低くなるケースは，自分が望んだことの結果なので，所得格差をさほど問題にする必要はないかもしれません。しかし，正規雇用者とほぼ同じ能力と意欲をもち，正規雇用を望みながら，就職氷河期のように学校を卒業する時点で，採用がないため，正規雇用者になる機会を逃し，非正規雇用者に甘ん

じて，それが所得格差の原因になっている場合は問題であるといえます。特に，日本の場合は，新卒時における一括採用が一般的であり，欧米ほど，転職が多くない社会では，非正規による不本意就労が大きな問題になるといえるでしょう。

　非正規雇用者の低所得がもたらす問題としては，家族を養えるだけの所得が得られずに，結婚ができず，家庭が持てないケースがありえます。家庭が持てないことで，人生が不安定になったり，子を持てないことで，社会の少子化を促進することになります。また，若年時における低所得は，年金における低額の保険料を通じて，老後の年金額も低くなるので，貧困の問題が生涯において生じることになります。

5-2　ひとり親世帯，母子家庭の問題

　ひとり親世帯，とりわけ母子家庭では，貧困に陥る可能性が高いといえます。母子家庭になる原因で多いのは，離婚です。厚生労働省の「令和元年（2019）人口動態統計の年間推計」によると，日本における 2019 年の離婚件数は 21 万件であり，離婚率（人口 1,000 人に対して）は 1.70 です。戦後に離婚率は上昇を続け，2000 年代以降はやや減少に転じています。

　離婚率が減少に転じているとはいえ，考え方や性格の不一致などの理由によって，かなりの数の離婚が発生しています。子がいる場合に，両親のどちらかが子を引き取る必要がありますが，子を男性が引き取る場合は，男性がすでに正規雇用者であるケースが多く，経済的にはさほど問題はありません。子どもを預けることも可能でしょう。他方で，子を女性が引き取るケースでは，無所得，低所得から始まるケースが多くなります。ちなみに，厚生労働省の「平成 28 年度　全国ひとり親世帯等調査」によれば，2015 年における平均年間収入（児童扶養手当なども含む）は，父子家庭で 420 万円，母子家庭で 243 万円であり，同じひとり親世帯でも，母子家庭のほうが 200 万円程度低くなっています。

　夫だった男性が養育費を支払うことは義務ですが，離婚時に養育費の取り決めをしなかったり，取り決めをしても不払いのケースも多くなっていま

す。女性の経済的状況が苦しいにもかかわらず，1人で子育てをするので，子育てに時間を割かざるをえず，長時間の労働ができません。そのため，正規雇用者になるのは難しく，短時間の非正規雇用者を選ばざるをえません。そのために，必然的に低所得になる可能性が高くなります。とりわけ，子どもが小さく手のかかる時期に，このことが当てはまります。政府もひとり親世帯に児童扶養手当を支給していますが，貧困を解消するには限界があります。内閣府の「日本経済 2021－2022 —成長と分配の好循環実現に向けて—（令和 4 年 2 月）」によると，2018 年における世帯類型別生活意識では，生活が苦しいと感じる世帯の割合が母子家庭の約 9 割に達しています。

　母子家庭における問題としては，非正規雇用者の場合と同様に，若年時での低所得が老後の低年金に結び付き，貧困が生涯にわたり生じる可能性があります。母子家庭における最大の問題といってよいのが，子への影響です。母子家庭における子は，家庭の貧困の影響で十分な教育を機会が失われる可能性が高いです。義務教育，高校の無償化，大学における奨学金の充実などの施策はとられているものの，子の能力を高める上では，塾や習い事などの学校外教育が重要になります。両親のいる世帯では，母子家庭と比べて，学校外教育に支出できる経済力があり，親が子に教育できる時間を確保することが可能になります。

　母子家庭における子が十分な教育を受けられないことが，子の低所得につながり，貧困が世代を通じて受けつながれる現象は，貧困の連鎖もしくは貧困の世代間連鎖と呼ばれています。

6．日本における貧困と世界における貧困

　皆さんは，SDGs という言葉を聞いたことがあるでしょうか。SDGs とは，Sustainable Development Goals の略であり。「持続可能な開発目標」と訳されています。SDGs は，国際連合が採択した 2030 年までに世界が達成すべき目標を定めたものです。17 のゴールと 169 のターゲットから構成されています。「貧困の解消」，「ジェンダー平等（男女平等）」，「人や国の不平等の

解消」の 3 つが 17 のゴールに含まれています。

　貧困や格差の問題は，日本に限らず，世界的な問題であるといえます。ただし，日本の貧困と世界の貧困，とりわけ発展途上国における貧困とは内容に違いがあるといえます。発展途上国における貧困は，「絶対的貧困」と呼ばれ，最低生活を送るための食料などの必需品を購入できず，餓死者が出てしまうような貧困です。日本では，生活保護制度もあるため，このような貧困はほぼないと考えられますが，違う意味での貧困が問題となっています。日本における貧困は，「相対的貧困」と呼ばれ，母子家庭における子のように，その国の多数の人と比べて，使える所得が少ないため，生活が劣ってしまうという意味での貧困です。

　内閣府・総務省・厚生労働省の「相対的貧困率等に関する調査分析結果について（平成 27 年 12 月 18 日）」によると，相対的貧困率は，総務省の「全国消費実態調査」（2009 年）では 10.1％と推計され，厚生労働省の「国民生活基礎調査」（2012 年）では 16.1％と推計されています。相対的貧困率は，両調査とも，世帯主年齢別では，30 歳未満と 65 歳以上で高く，世帯類型別にみると，高齢者世帯，ひとり親世帯，単身世帯などで高くなっています。

7．おわりに

　日本は，第二次世界大戦後，経済発展を遂げ，先進国の仲間入りし，社会保障制度も充実させてきました。日本的な雇用システムの下で，終身雇用，年功序列制などにより安定した雇用が確保され，アメリカなどと比べれば，所得格差の小さな社会を実現してきました。しかし，1970 年代に発生したオイルショック後には経済は低成長に転じ，1990 年代初めのバブル崩壊後は長期にわたる不況に突入し，2020 年代に入り新型コロナの世界的流行に直面し，現在も経済は低迷した状況にあるといえます。

　長期にわたる不況の下で，企業は，人件費を抑制するために，非正規雇用を増やし，雇用者に占める非正規雇用者の比率は上昇を続けています。戦後，日本人の価値観も，欧米のように家重視から個人重視に変化し，世帯の

形態も三世代世帯が減少し，核家族や世帯が増加しています。少子高齢化の影響で，高齢者の夫婦世帯や高齢者の単独世帯が増加しています。戦前や戦後すぐの時期には，世間体や経済的理由で，離婚したくても，それを踏みとどまるケースが多かったと考えられますが，現在では，離婚のハードルは低くなっており，ひとり親世帯，とりわけ母子家庭の数も多くなっています。相対的貧困率が高齢者世帯，ひとり親世帯，単身世帯において高いことをみてきましたが，このような事情を反映していると考えられます。

　日本は，市場経済を基本としており，所得格差などの経済格差は不可避の状況にあります。問題があるとみなされるような大きな格差は是正する必要があります。日本では，人々の経済格差を是正するために，累進課税，生活保護や児童扶養手当などの社会保障制度，義務教育，高校の実質無償化，大学の奨学金充実などの教育に関連する施策がとられてきました。そして，世界に目を向けると新たな施策として，ベーシックインカムの導入も検討されています。

　他方で，過度な是正は，社会にとって経済的な負担をともなうので，経済の活力や社会の公平性を損なう可能性があります。貧困や格差の是正は，価値判断をともなう行為であり，どこまで是正すべきかは，人によって異なる可能性があります。日本を含めた民主主義国において，どこまで是正すべきかは，投票などにより政治的に決定されることになります。読者の皆さんも，貧困や格差の問題を考えていただき，投票行動などに生かしてもらえればと思います。

| Column | 4-1　ベーシックインカムの可能性 |

　ベーシックインカムとは，政府が無条件にすべての国民に対して，最低生活が送れるような水準の現金を支給することです。この制度が導入されると，生活保護，年金，児童手当などの現行の社会保障制度は，この制度に置き換わることになります。現行の社会保障は，一定の条件が満たされないと，給付されず，また，給付を受けた後でも，一定の条件を超えると支給が減らされたり，停止されることもありますが，ベーシックインカムは，給付のための条件はな

く，給付が減額されたり，停止されたりすることはありません。

　現行の社会保障制度は，それぞれに制度の目的があるため，その目的に照らして，給付の対象者を限定し，個々の対象者が条件を満たしているのかを行政側がチェックするというきめ細かな運用がなされています。ただし，制度の数が増えたり，制度が複雑化すると，どこかで恣意性が入り込むことになり，制度を運用するための行政コストもかさみます。制度を最低水準の現金給付に一本化するというベーシックインカムは，制度を簡素化し，運用コストも軽減できるという点で魅力のある制度といえるでしょう。

　他方で，ベーシックインカムは，全国民に最低水準の現金を給付する必要があるので，対象者が拡大して，多額の財源が必要になると考えられます。多額な財源が必要となるので，増税が必要になると，それへの反対が起こる可能性があり，増税せずに，給付する現金の水準を下げると，その金額では最低生活もできず，生活保護の代用として機能しないという可能性もあります。また，最低生活として安心できるレベルの現金給付が実現した場合には，それが労働意欲を低下させるのではないかという懸念もあります。

　いずれにしても，ベーシックインカムは，魅力的な制度であるため，フィンランドやカナダなど，いくつかの国で実験的な導入が試みられています。今のところ，実験結果を踏まえ，本格的に導入しようという国はありません。日本では，ベーシックインカムについての本格的な議論はなされておらず，外国において，それが成功を収めるような状況になってから，その導入の検討がなされる可能性があると思われます。

第 II 部

暮らしとそれを支える政府

第 5 章

家庭内外の働き方とワーク・ライフ・バランス

1. はじめに

　この章では主に共働き夫婦の家庭の中と外の仕事への時間配分や働き方の違いについて，その現状を見たうえで，なぜそうなるのかを説明し，どうすれば解決できるのかを考えます。現在，日本でも LGBTQ という言葉がずいぶんと知られるようになり，生物学的な性と自らが認識する自分の性が必ずしも一致するわけではないことも理解されつつあります。また，いわゆる結婚も婚姻届を出していないものの事実上の「夫婦」として生活している人たちや「結婚」相手のことをパートナー，夫婦ではなくカップルと表現する人たちも増えています。したがって，かつてのように「夫婦」とは「結婚」した「男性」と「女性」という前提で話をすることはできなくなりつつありますし，「結婚」も「離婚」も個人の自由です。ただ，事実婚も含め，日本では「男性」と「女性」が「結婚」している，いわゆる「異性婚」の「夫婦」がまだまだ多く，また，「同性婚」の人たちの研究は人権への配慮もあり，これまでなかなか行われてこなかったということ，そして「結婚」以降に起こる出産や子育てといったできごとが発生したときに「夫」と「妻」で働き方とそれにともなう賃金水準に違いが現れるようになり，家庭の内と外での仕事への時間配分に大きな差が出ること，そしてそれを是正することが日本の喫緊の課題の1つとなっていることを考慮し，この章では事実婚も含めた「異性婚」の「夫婦」に焦点を当て，特に断る必要がない限りこの章では「夫」，「妻」，「夫婦」，「結婚」という表現を用います。

2．日本人の生活時間配分

2-1　ワーク・ライフ・バランス

　1980年代末あたりからでしょうか，「過労死」という言葉が広く世間に知られるようになりました。21世紀になって20年が過ぎた今もなお過労死はなくなっていません。読者の中にも悲しいニュースを見たり聞いたりしたことがある人も多いことでしょう。また，いわゆる「バブル経済」崩壊後，企業が「リストラ」という名の人員削減を進めた結果，正社員の労働時間は長時間化し，このころから徐々に「心」の病にも注目が集まるようになりました。1990年代後半からはパートタイム労働や派遣労働など非正規雇用での仕事が増加し，働き方も多様化していく一方で，不況のあおりを受けて正規雇用で就職できなかった若者や雇止めにあった派遣労働者，家事，育児や介護との両立が難しいがために正規雇用から非正規雇用に転じる勤め人たちも増加し，経済的自立が困難な人がたくさん現れてきました。

　このように日本の経済や社会をとりまく環境は大きく変化し，仕事と生活が両立しにくい現実が浮かび上がってきました。そこで登場してきたのがワーク・ライフ・バランス（仕事と生活の調和）という言葉です。

Column	5-1　ワーク・ライフ・バランス

　日本語では通常「仕事と生活の調和」と訳されます。私たちは1日24時間を与えられ，それをいろいろな活動に使います。そのうちの1つが家庭外での仕事，いわゆる有償労働です。私たちは職場で仕事上の責任を果たさなければなりませんが，それと同時に余った時間を余暇や学習のように仕事以外の自分が取り組みたいことや家事，育児，介護のように仕事以外に取り組む必要があることに使おうとします。ワーク・ライフ・バランスとはこれらに取り組める状態にあることを指す言葉です。仕事上の責任を果たせてもそれ以外のやりたいことやる必要があることに取り組めなかったり，逆にそれらに取り組もうとすると仕事上の責任を果たせなくなったりする状態を「ワーク・ライフ・コンフリクト（仕事と生活の対立)」と言います。

2-2　家庭内労働と家庭外労働の時間

　さて，労働といっても働いて賃金が支払われる仕事とそうでない仕事があります。前者は有償労働とか賃金労働あるいはペイドワークと呼ばれます。それに対して後者は無償労働とかアンペイドワークと呼ばれます。内職やテレワークのように賃金が支払われる家の中で行う仕事もありますし，ボランティア活動のように家の外で行う仕事でも賃金が支払われない仕事もありますが，ここでは家事，育児，介護など家庭内の仕事を無償労働に，家庭外での労働を有償労働に限定して話を進めていきます。

　リクルートワークス研究所（https://www.works-i.com/）が2020年に実施し，東京大学社会科学研究所附属社会調査・データアーカイブ研究センターがインターネット上で提供している「全国就業実態パネル調査2020」を用い，25〜49歳の既婚で配偶者と同居している共働き夫婦の夫と妻が仕事のある日に家庭内労働と家庭外労働それぞれに割いている平均時間を算出しました。新型コロナウィルスへの感染が拡大した2020年の調査を用いていますが，それは感染拡大前にこの調査が実施されたため，その影響が出ていないと考えられるからです。同調査は男性回答者と女性回答者の労働時間と配偶者の雇用形態を問う質問はありますが，その配偶者の労働時間を問う質問はありません。また，日本の共働き夫婦の夫は正規雇用で働いていることが多いので夫は正規雇用で働いている男性に限定しています。表5-1には，正規雇用と非正規雇用それぞれで働く妻と結婚している正規雇用の夫の，表5-2には正規雇用で働く夫と結婚している正規雇用の妻と非正規雇用の妻それぞれの家庭内外の労働時間が示されています。表5-1から，正規雇用で働く夫の家庭外の労働時間は12時間を超えていること，また，妻の雇用形態に関係なく夫の家庭内労働時間は2時間程度であり，したがって夫の労働への時間配分は家庭外に大きく偏っていることがわかります。次に表5-2から，正規雇用で働く妻は家庭外労働に8時間弱を配分しつつ，家庭内の労働にも4時間を割いていること，非正規雇用で働く妻は家庭外での労働時間が正規雇用の妻よりも短い分，家庭内労働を9時間弱も担っていることがわかります。かつて「夫は仕事」，「妻は家庭」と言われました。これは性

表 5-1 夫の家庭内・家庭外労働時間（夫＝正規雇用）

妻の雇用形態	夫の家庭内労働	夫の家庭外労働
正規雇用	2：18	12：25
非正規雇用	1：58	12：22

注：表中の数字はコロンより左側が時間，右側が分を表
　　している。
出所：リクルートワークス研究所「全国就業実態パネル
　　調査 2020」より筆者作成。

表 5-2 妻の家庭内・家庭外労働時間（夫＝正規雇用）

妻の雇用形態	妻の家庭内労働	妻の家庭外労働
正規雇用	4：00	7：50
非正規雇用	8：51	4：51

注：表中の数字はコロンより左側が時間，右側が分を表
　　している。
出所：リクルートワークス研究所「全国就業実態パネル
　　調査 2020」より筆者作成。

別役割規範と呼ばれますが，これら2つの表から妻の性別役割規範は新性別
役割規範と呼ばれる「妻は仕事も，家庭も」に変わってきていることがわか
ります。

　最後に6歳未満の子どもを持つ夫婦が1日当たり平均でどれくらいの時間
を家庭内労働と家庭外労働に配分しているのかを日本と他の諸国とを比較し
て見ておきましょう。6歳未満の子どもを持つ夫婦に限定しているのは最も
手がかかる時期であり，どうしても家事・育児時間が増えてしまうからで
す。表 5-3 を見てください。世界の中でも比較的男女平等が進んでいると言
われる北欧の国，ノルウェーとスウェーデンでも家事・育児全体であれ育児
であれ妻の方が多くの時間を割いていますが，他国に比べると少し短く，夫
の家事・育児への参加時間が多いことがわかります。あくまでここに紹介さ
れている国との比較においてですが，日本の妻がいかに家事・育児時間を多
く負担し，夫が負担していないかが顕著に表れています。

表 5-3　6 歳未満の子どもを持つ夫婦の 1 日当たり平均家事・育児関連時間

国　名	家事・育児関連時間全体		育児時間	
	妻	夫	妻	夫
ノルウェー	5：26	3：12	2：17	1：13
スウェーデン	5：29	3：21	2：10	1：07
ドイツ	6：11	3：00	2：18	0：59
フランス	5：49	2：30	1：57	0：40
英　国	6：09	2：46	2：22	1：00
米　国	5：48	3：07	2：34	1：11
日　本	6：57	1：38	3：26	1：04

注：表中の数字はコロンより左側が時間，右側が分を表している。
出所：内閣府男女共同参画局「令和 2 年版　男女共同参画白書」
　　　日本については「令和 3 年社会生活基本調査」における「夫も妻も雇用されている人」の夫と妻それぞれの家事時間と育児時間から筆者が作成。

2-3　家事分担に関する仮説

　ではなぜ家庭内の仕事は妻に偏るのでしょうか。夫であれ妻であれ，家庭内の仕事の分担やその時間を決める要因としていくつかが挙げられます。1 つ目は労働時間の長さ，言い換えれば帰宅してから寝るまでどれだけ家庭内の仕事に割くことができる時間の余裕があるかです。これは時間制約仮説とも呼ばれ，多くの研究成果がそれを裏付けています。概して妻よりも夫の方が家庭外での仕事の時間が長く，その結果，時間に余裕のある妻が家庭内の仕事に多くの時間を割くということになります。表 5-1 と表 5-2 を思い出してください。

　2 つ目は結婚相手がいる場合，稼ぎの多い方が家庭内の仕事に少ない時間しか割かず，稼ぎの少ない方が長い時間を割くというものです。これは相対的所得仮説とも呼ばれます。相対的所得とは夫婦ふたりの稼ぐ所得の合計のうち夫と妻がそれぞれ何％稼いでいるかを示す指標です。日本の場合，家庭外での労働時間やその雇用形態の差から多くの夫婦では夫の方が妻よりも稼いでいます。

　3 つ目はさきほど出てきた性別役割規範を支持する夫は家庭内の仕事に短

い時間しか割かず，それを支持する女性は長い時間を家庭内の仕事に割くというものです。著者が授業で学生に「家庭内の仕事が妻に偏るのはなぜか」と問うと多くの学生はこの仮説を挙げますが，過去の研究成果では必ずしもこの仮説が支持されているわけではありません。

　これらのほかに，家の中や家の近くに家庭内の仕事を代わりにやってくれる人，たとえば自分の母親がいる場合は夫であれ妻であれそれに長い時間を割かずにすむというものです。代替的人材仮説などとも呼ばれます。

2-4　家事生産アプローチ

　妻は自分の家事時間をどのようにして決めているかを家事生産という観点から説明しましょう。妻に限らず私たちは購入した原材料や家電製品などを使用して料理，食器洗い，掃除，洗濯・乾燥といった家事を行います。その成果をもし市場で購入する，例えば外食したり，家事代行業者に部屋の掃除を頼んだり，クリーニング屋を利用したりするとすればいくらに相当するかを金額で表したものが家事の生産高です。家庭外の仕事と同じように何時間もこのような家庭内の仕事をしているとたしかにたくさんの家事を生産できますが疲れてきて家庭内労働の時間を延ばせば延ばすほど次第に生産高は少なくなっていきます。しかも疲労度が増す分だけ家事の仕事が雑になって品質も落ちてくるでしょう。したがって1時間ごとに追加的に創る家事を市場で購入すればその価格は例えば1,500円，1,200円，950円と徐々に低下していくと考えられます。

　一方で，働く妻は労働と引き換えに賃金を手にします。1時間当たりに労働との交換で手にする賃金を賃金率と言います。ここでは時給と考えてください。時給は1時間働こうが5時間働こうがすべての1時間に同じ時給が適用されます。例えば時給が1,000円だとしましょう。このとき1時間働けば1,000円の賃金が，2時間働けば2,000円の賃金が，3時間働けば3,000円の賃金が支払われます。

　今，妻が家庭内と家庭外の労働に合計10時間使うことができ，この10時間のうち何時間をそれぞれに配分するか考えているとしましょう。ここで，

妻が最初の1時間を家庭内労働，つまり家事生産に配分したとします。この1時間で生産される家事の市場価格1,500円は時給1,000円を上回っているためそれを市場で購入すれば赤字になるのでこの1時間については家事生産に使った方が得になります。したがって妻はこの最初の1時間については家庭外労働には使わず，家庭内労働に使います。次の1時間はどうでしょうか。この2番目の1時間で生産される家事の市場価値1,200円は時給1,000円を上回っているため，働いて購入するとやはり赤字が出ますのでこの2番目の1時間も妻は家庭外で働かず，家庭内労働に使うという選択をするはずです。妻が生産した家事の市場価値を時給が上回るのは次の1時間，つまり3番目の1時間です。このとき手にした時給で950円分の家事を市場で購入できるようになるどころか50円の黒字が出るのでこの3番目の1時間は家庭外の労働に使った方が得になります。このとき妻は家庭外で働き始めるようになり，家庭内労働に2時間を，家庭外労働に残りの8時間を配分しようと決めるというのがこの考え方です。もし時給が1,400円であれば2番目の1時間も家庭外で働いた方が得になりますので，このとき妻の家庭内労働時間は1時間に決まります。このことから，時給が高くなればなるほど妻はより長く家の外で働いて家事を市場で購入した方が得になり，家庭内の仕事に使う時間を減らすことになります。もちろん夫の家庭内労働への参加も妻の家庭内労働時間を減らすことに貢献すると考えられます。

3．ライフ・イベントと働き方

3-1　女性にとってのライフ・イベントと働き方

　1986年4月にいわゆる男女雇用機会均等法が施行されて以降，女性の四年制大学進学率も上昇し，女性も結婚だけではあまり退職することもなくなっています。しかし，四年制大学を出て正社員で活躍していた女性でさえ，出産・育児を機に職場を去ったり，そのすぐ後か子どもが手を離れてからかは別として，次に仕事に復帰するときはパートタイム労働や派遣労働に代表される非正規雇用で働くというケースは今なお多く見られます。結婚，

妊娠，出産，育児といった人生での大きな節目となるできごと（ライフ・イベント）があったとき，男性はそれまでと変わらない働き方をすることが多いのに対して女性は家事，育児，介護など家庭責任を負い，それらに多くの時間を割くことになるため働く時間を柔軟に調整できる働き方を選ぶことがその要因の1つにあります。

3-2　M字曲線とL字曲線

　ここで図5-1と図5-2を見てみましょう。前者はいわゆる「M字曲線」として有名な女性の年齢階級別労働力率のグラフです。労働力率とは15歳以上人口に占める労働力の割合です。労働力とは15歳以上人口のうち学生，仕事を引退した人，そして専業主婦・専業主夫を除いた，従業者（正規雇用か非正規雇用かは別にして主に仕事をしている人，通学や家事などのかたわらに仕事をしている人）と休業者（仕事を持ちながら仕事をしていない人）を合わせた就業者と，仕事をしていないもののその意欲はある完全失業者を合わせた人たちのことです。20代前半から後半にかけて労働力率は上昇し，30代で一度低下し，再び上昇します。この底を「ボトム」と呼んだりします。昔に比べてボトムは浅くなり，低下する年齢も遅くなっていることがわかります。

　もう1つの図5-2は正規雇用で働いている女性だけに限定した場合のグラフです。アルファベットのLを右に135度くらい回転させたようなグラフになっていますので（ちょっと強引ですが）「L字曲線」とも呼ばれます。図5-1のように労働力率が再び上昇に転じるのではなく，ひとたび下降するとそのまま低下し続けます。このことは，正規雇用で働く女性でも仕事を辞めてその後に正規雇用で再就職する人もいますが，その数よりも非正規雇用で再就職したり専業主婦のままでいたりする女性の数の方が多いということです。そこで今の日本で求められているのがワーク・ライフ・バランス（仕事と家庭の調和）と「働き方改革」です。

図 5-1　女性の年齢階級別労働力率

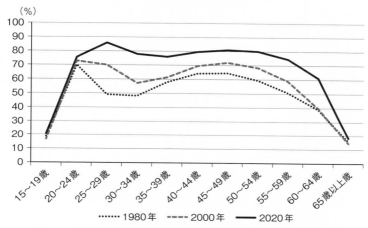

出所：総務省統計局「労働力調査　長期時系列データ」より筆者作成。

図 5-2　女性の年齢階級別労働力率（正規雇用の職員・従業員）

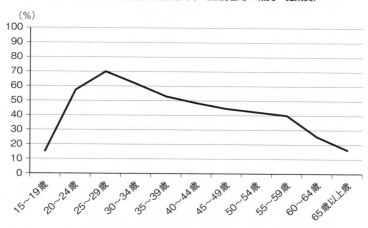

出所：総務省統計局「労働力調査　長期時系列データ」より筆者作成。

4．ワーク・ライフ・バランス実現に向けて

4-1　日本の問題点

　ここで日本の共働き夫婦の家庭内外の労働に関するワーク・ライフ・バランスの問題点について振り返っておきましょう。

　第 1 に，夫に家庭外労働に対する時間配分が偏っており，それが家事，育児などの家庭内労働時間の短さにつながっていると考えられることが挙げられます。第 2 に，夫と妻がともに正規雇用で働いている場合であっても家庭内労働時間は妻に偏っており，妻が非正規雇用で働いている場合にはその偏り方はもっと大きくなることが挙げられます。第 3 に，ライフ・イベントが発生したとき，夫が正規雇用で働き続けるのに対して妻は正規雇用から賃金率の低い非正規雇用に雇用形態を変えることが多いこと，そして第 4 に，高等教育を受けた妻に対して行動規範が存在し，それに対する同調行動が正規雇用で働き続けることを断念させている可能性があることが挙げられます。

4-2　働き方改革

　最後に，男女に関係なく，どうすればワーク・ライフ・バランスを実現できるかを考えましょう。まずは「働き方改革」です。男女に関係なく正規雇用で働く場合の長時間労働を是正する必要があります。フランスは 21 世紀を迎える前に週 35 時間労働制を導入しています。生産性（仕事の効率性）を高めることも大切でしょうが，正規雇用で働きたいのに働くことができていない人や，仕事をしたいのに仕事がない失業者もいることを考えれば，こういった労働力を活用するワーク・シェアリングも一考に値するでしょう。

　また，女性にライフ・イベントが発生しても，また，ワーク・ライフ・コンフリクトが発生しても短時間正社員制度のような賃金率の高い正規雇用で働き続けることができるよう均等待遇を保証するパートタイム労働を増やすこと，さらには，男女の賃金格差を是正する同一労働同一賃金原則の導入を促進することが政府には求められます。実際，政府は短時間正社員制度への

転換を促進するべく企業に補助金を出しています。これらは妻の家庭内労働の外部化を可能にして家庭内労働からの解放を実現し，外食産業，中食産業，家事代行業など家庭内労働関連のサービス産業での雇用を拡大すると考えられます。もっとも，日本の場合は欧米の職務給と違って職能給であるためなかなか難しいとも言われています。

4-2　育児支援策

　先に挙げたワーク・ライフ・コンフリクトが発生しても一時的にでも家庭を優先できるような柔軟な働き方ができるような施策を勤め先が認めることが挙げられます。これらはファミリー・フレンドリー施策と言われます。政府や自治体はこのような企業を増やすべくファミリー・フレンドリー施策を導入している企業を表彰したり，補助金を出したりして支援していますが，まだまだ中途半端と言わざるをえません。

　しばしば指摘されますが，一部の大都市なので発生している待機児童の解消や学童保育サービスの供給増加も重要でしょう。待機児童は政府，自治体の努力もあって定員は増えてはいますが，潜在的な需要が顕在化してなかなか完全には解消していません。保育は量とともにその質も重要になってきます。そのためには保育所という「ハコ」を増やすだけでなく保育士の資格を持つ人たちが意欲をもって働けるよう賃金水準を引き上げることも大切です。

4-3　テレワークの推進

　情報通信技術（ICT）の進歩は家にいながらにして家庭外の仕事をするテレワークを可能にしました。このテレワークは1990年代末にはすでにその普及について大きな期待が寄せられていました。

　2020年における新型コロナウイルスの感染拡大よりも前のデータを使った荻原・久米（2017）の研究は，夫のテレワークはその家庭内労働時間を増やすことを明らかにしています。

　では緊急事態宣言が発出されたときはどうだったのでしょうか。大谷（2021）の分析結果は，学校や幼稚園などが休校・休園になったりして子ど

もの世話をしなければならなくなった1回目の緊急事態宣言下のように家事・育児が通常時より増加していて，かつほぼ強制的にテレワークを行わなければならないような状況になればテレワークは夫と妻双方の家事・育児時間を増やすこと，しかし，学校などの休校がなかった2回目の緊急事態宣言下のようにどうしても対応が必要な家事・育児が発生していない場合であれば夫はテレワークをしていても家事・育児時間を増やさず，妻が家事・育児を担う可能性があると考えられるというものです。夫婦がともにテレワークをしている場合，夫が家にいることでむしろ昼食の準備などで妻の家庭内労働が増えたというようなニュースもありました。このあたりはこれからもっと研究が進むものと考えられますが，テレワークはうまく使えれば家庭内労働時間の夫婦間格差はもう少し解消するのではないでしょうか。

4-4　規範の影響

　日本は韓国やイスラム諸国，あるいはイタリアやスペインといった南欧諸国と同様に性別役割規範が強く残っていると指摘されることがあります。上で述べたようにすでに日本では性別役割規範は新性別役割規範へと移行していますが，いまだ家庭内労働の多くが妻に偏っていることには変わりありません。安藤（2022）の研究成果は日本には「妻は非正規雇用で，あるいは短時間だけ働くべきである」という労働に関する行動規範が存在し，妻がそれに対する同調行動をとっていることを示唆しています。日本の社会は規範への同調圧力が強いと言われます。これが妻の雇用形態や何時間働くかといった労働供給行動に関する規範への同調を生んでいるのかもしれません。

　しかし，もし日本社会が同調圧力の強い社会なのであれば，子どもがいようが正規雇用で働く人をもっと増やしていけばそれが妻の行動規範となって同調行動を生み，いずれ「子どもがいようがいまいが正規雇用で働く」妻が当たり前の社会になるのではないでしょうか。規範は長い歴史と文化が作ってきただけにそう短期間では変えることはできないでしょう。そうであるならば日本社会の同調圧力と同調行動をうまく活かすという考え方もあるのではないでしょうか。

Column	5-2 同 調

　私たちはある集団に属すると自分では正しいと思っているのにその意見を曲げて多数派の意見に従うことがあります。これは同調と呼ばれる行動で，集団や他者が設定する期待に沿った行動のことを指します。経済学ではまずお目にかかることのないこの同調に関する研究は心理学，中でも社会心理学において積み重ねられてきました。この同調行動を説明する要因として第1に集団規範が挙げられます。これは集団規範が集団を構成する人々に対してそれに一致するような強制力としての集団圧力を持つことから発生すると考えられています。第2に規範的影響が挙げられます。これは集団内の多数派に受け入れられたい動機であり，たとえ多数派が間違っているとしても多数派と異なることから発生する不利益を恐れ，他者からの期待に合わせようとすることを指します。第3に情報的影響が挙げられます。これは他者から正確な情報を得たいという動機のことで，何らかの問題を解決するにあたって「妥当さ」や「正当さ」を探し求めようとすることです。日本の社会は同調圧力が強いと言われます。2020年に発出された1回目の緊急事態宣言下では「自粛警察」なるものまで登場しました。ただ，かつて行われた実験では日本とアメリカで同調行動に差はなかったそうです。

5．おわりに

　深刻な大不況に直面するとたとえ正規雇用で働いている人でさえその雇用は不安定になり，多くの失業者が生まれます。専業主婦世帯であれ，共働き世帯であれ，正規雇用で働く夫の所得に多くを依存して経済生活を営むのはかなりリスクがあります。もちろん夫婦二人とも失業する可能性はありますが，たとえ一方が失業して所得がなくなったとしてももう一方が正規雇用で働き続けていれば経済生活は何とか維持できるのではないでしょうか。また，現代社会では離婚も増え，女性が非正規雇用で働いている場合は世帯収入が一気に低下することがあります。そう考えると，これはあくまで私の考えですが，男女に関係なく，また，子どもの有無に関係なく，ともに家庭責

任を負いながら正規雇用で働き続ける社会にした方がよいように思います。

　加えて，ダイバーシティ・マネジメントの重要性があります。ダイバーシティとは多様性という意味で，男性・女性という生物学的な性だけでなく，民族，人種，信じる宗教などについてもあてはまる用語です。企業の経営や職場でもダイバーシティがキーワードになっています。職場で働く，あるいは経営に携わる人が持っているバックグラウンド（背景）が特定かつ少数よりも多種多様な方がこれまでになかったアイデアが生まれることがあり，それが企業の業績向上を通じた成長につながるとも言われています。例えば「ウーマノミクス」という言葉が一時取り上げられました。これは男性だけでは出てこなかったアイデアが家事や育児の経験が豊富な女性から生み出されて商品開発などに生かされ，売上げ増につながったことから作られた造語です。そもそも単純に考えて大まかに言えば世の中は男女半々ですので，男性も女性も仕事ができる人は同じくらい社会に存在するはずです。にもかかわらず，一方の性の人たちが主に活躍する職場を作ってきたとすれば，才能あるもう一方の性の人たちを活用しそこねていたことになり，企業も得ていたはずの成長や利益を失っていたと考えられます。これはあまりにも「もったいない」ことではないでしょうか。

　もう少し公正な観点から夫も妻も家庭内外の仕事を分かち合い，二人とも正規雇用で稼ぎ，税収，公的医療保険制度や公的年金制度の保険料収入も確実に確保し，育児支援のための予算を今以上に増やすということを考えてもいいのではないかと思います。

参考文献

安藤潤（2022）「四大卒妻の労働時間，雇用形態および主観的幸福度に関するジェンダー・アイデンティティ仮説の検証」『社会学部論集』第 74 号，pp.1-20，佛教大学。

大谷碧（2021）「緊急事態宣言下における共働き夫婦の家事・育児時間の変化―子どもを持つ夫婦のテレワーク状況を考慮して―」『Works Discussion Paper Series』No.50，pp.1-15，リクルートワークス研究所（https://www.works-i.com/research/paper/discussionpaper/item/DP_0050.pdf；2022 年 6 月 16 日取得）

荻原牧子・久米功一（2017）「テレワークは長時間労働を招くのか―雇用型テレワークの実態と調査―」『Works Review』Vol.12，pp.58-67，リクルートワークス研究所（https://www.works-i.com/research/paper/works-review/item/171120_wr12_06.pdf；2022 年 8 月 5 日取得）。

第 6 章

少子高齢化と社会保障

1. はじめに

　この章では日本の少子高齢化の現状と社会保障について解説します。日本の人口は 2010 年の 1 億 2,806 万人をピークに減少しています。2020 年の総人口は 1 億 2,571 万人でしたが，2025 年には 1 億 2,254 万人となり，この 5 年間で 317 万人の減少が見込まれています。

　人口が減少してきている要因として，合計特殊出生率の低下や，晩婚化の傾向，未婚者の割合の上昇などが指摘されています。その一方で，日本では高齢化が進んでいます。高齢化が進んできた要因としては平均寿命の延びなどが考えられます。少子高齢化が進むにつれて，年金や老人医療費などの社会保障関係費の増大が懸念されています。

2. 少子高齢化について

2-1　少子高齢化の現状

　日本では 5 年に 1 回，国勢調査という大規模な調査を行って，住所，氏名，年齢，職業などを把握し，各種の施策のための基礎資料として活用しています。前回の調査は 2020 年でした。

　日本の人口は 2021 年で 1 億 2,550 万人（推計値）です。日本の人口は 2010 年の 1 億 2,806 万人をピークに減少してきています。国立社会保障・人口問題研究所が算出した推計人口を見ると，2030 年の日本の人口は 1 億

図 6-1　日本の人口

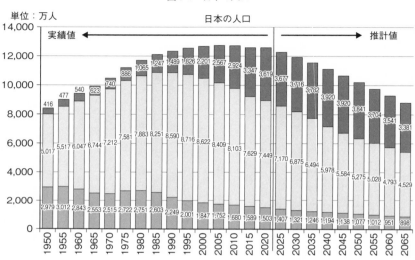

単位：万人

日本の人口

実績値　→　←　推計値

凡例：□ 0〜14歳　□ 15〜64歳　■ 65歳以上

出所：内閣府「令和 4 年度版　高齢社会白書」を基に筆者作成

1,913 万人，2040 年は 1 億 1,092 万人，2050 年は 1 億 192 万人になるとされており，将来的には日本の総人口は減少し続けることが予測されています。2030 年の 0〜14 歳人口は 1,321 万人，15〜64 歳人口（生産年齢人口）は 6,875 万人，65 歳以上人口（高齢者と定義されている）は 3,716 万人となっています。

　0〜14 歳人口は 1980 年の 2,751 万人をピークに減少しています。15〜64 歳人口は 1995 年の 8,716 万人をピークに減少に転じています。65 歳以上人口は 2025 年までは 3,677 万人と増加し，その後，ゆるやかに減少していきます。

　表 6-1 は平均寿命のデータを表しています。2020 年の男性の平均寿命は 81.64 歳，女性は 87.74 歳です。男女とも平均寿命が延びてきています。平均寿命が延びた理由として奈良県医師会は医療レベルの高さ，国民皆保険制度で医療費が比較的安く，病院にかかりやすいこと，健康意識が高く，人間

ドックなどの検診の受診機会が多いこと，伝統的な食文化を指摘しています。

図6-2は総人口に占める割合を示しています。2021年以降の推計値を見ると，0〜14歳人口/総人口と15〜64歳人口（生産年齢人口）/総人口が低下していくことがわかります。

高齢化率（65歳以上人口/総人口）を見ると，2025年は30.0％，2040年では35.3％というように上昇していきます。日本の総人口は減少を続けていきますが，高齢化率は上昇していくことがわかります。

高齢化率の推移をグラフで見るとデータが提供されている1950年から上昇傾向にあることがわかります。2030年の

表6-1　平均寿命の推移

	男性	女性
1990	75.92	81.90
1995	76.38	82.85
2000	77.72	84.60
2005	78.56	85.52
2010	79.55	86.30
2015	80.75	86.99
2020	81.64	87.74
2025	81.89	88.21
2030	82.39	88.72
2040	83.27	89.63
2045	83.66	90.03
2050	84.02	90.40

出所：厚生労働省「令和2年簡易生命表」
国立社会保障・人口問題研究所「日本の将来人口推計」
※2015年までは実績値

高齢化率は31.2％，2040年は35.3％と推計されています。高齢化率が高まると，少ない生産年齢人口で1人の高齢者の生活を支えることになります。

図6-3は65歳以上の人口を何人の15〜64歳の人口で支えるかを示しています。この値は（15〜64歳人口/65歳以上人口）で求めます。1950年は1人の高齢者（65歳以上）を12.1人で支えていましたが，2020年には2.1人で支えることになります。推計値を見ていくと，2030年は1.9人，2040年は1.5人となっています。少ない人数で1人の高齢者の生活を支えなければならなくなるため，15〜64歳の人々の負担が増加することになります。例えば，年金保険料や医療保険料，税金などの負担が増加することになるでしょう。

2-2　少子化が進んできた背景

少子化が進んだ背景には独身者の割合が上昇してきたこと，晩婚化が進ん

図 6-2　総人口に占める割合

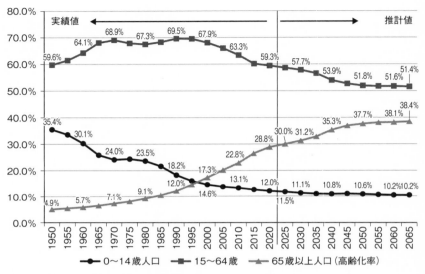

出所：内閣府「令和 4 年度版　高齢社会白書」を基に筆者作成

図 6-3　65 歳以上を 14～64 歳で支える割合

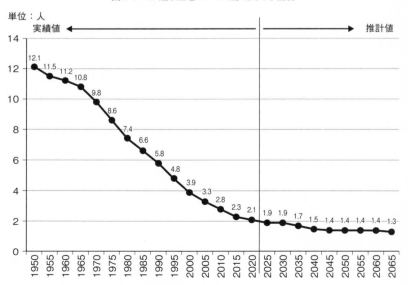

出所：内閣府「令和 4 年度版　高齢社会白書」を基に筆者作成

できたことや夫婦の出生力の低下などが要因としてあげられます。「令和4年版　少子化対策白書」に掲載されている5歳階級別の未婚率のデータを紹介します。2010年の25〜29歳男性の未婚率は71.8％，30〜34歳男性は47.3％，35〜39歳男性は35.6％でした。2000年から5年刻みのデータ（これは国勢調査を基に作成しているため）で見ると，25〜29歳男性の未婚率は上昇傾向にあります。30〜34歳男性の未婚率は多少の上がり下がりはありますが，2005年からは47％台で推移しています。35〜39歳男性については2015年からは少し低下傾向が見られますが，30％台で推移しています。

　女性については25〜29歳の未婚率は上昇してきており，2020年は62.4％となっています。30〜34歳女性の未婚率も上昇傾向が見られます。35〜39歳女性の未婚率は2000年〜2015年までは上昇傾向が見られます。このように，25〜39歳までの未婚率を見てみると，男女とも特に25〜29歳の未婚率が高いです。

　国立社会保障・人口問題研究所の「第15回出生動向基本調査」によると25〜34歳の男性の未婚者が独身にとどまっている理由としてあげていた中で最も多かったのは「適当な相手にまだめぐり会わない」（26.1％），次に「まだ必要性を感じない」（13.8％）でした。25〜34歳女性で最も多かったのは「適当な相手にめぐり会わない」（36.9％），「結婚する必要性をまだ感じない」（9.3％）でした。

表6-2　5歳階級別未婚率

単位：％

	2000	2005	2010	2015	2020
男25〜29歳	69.4	71.4	71.8	72.7	72.9
男30〜34歳	42.9	47.1	47.3	47.1	47.4
男35〜39歳	26.2	31.2	35.6	35.0	34.5
女25〜29歳	54.0	59.1	60.3	61.3	62.4
女30〜34歳	26.6	32.0	34.5	34.6	35.2
女35〜39歳	13.9	18.7	23.1	23.9	23.6

出所：「令和4年版　少子化対策白書」

　「令和3年度版　厚生労働白書」によると，50歳時の未婚割合（50歳時点で一度も結婚をしたことのない人の割合）の推計値を見ると，2025年では男性27.1%，女性18.4%，2030年では男性28.0%，女性18.5%，2040年には男性29.5%，女性は18.7%というように上昇することが予測されています（注：データは国立社会保障・人口問題研究所「日本の世帯数の将来推計（全国推計）」による）。非婚化の進展が子どもの人口の減少の1つの要因となっているようです。

　次に夫婦の出生力の低下についてデータを見ながら考えてみましょう。前出の「第15回出生動向基本調査」によると，結婚持続期間（結婚からの経過期間）15〜19年夫婦の平均出生子ども数は第13回調査（2005年）が2.09人でしたが，第14回調査（2010年）が1.96人，第15回調査（2015年）が1.94人と，2人を下回っています。夫婦が出生する子どもの数が2名を下回るということは，次の世代の人口が減少することにつながります。

2-3　高齢化が進んできた背景

　高齢化の要因として「令和4年版　高齢社会白書」では年齢階級別の死亡率の低下による65歳以上人口の増加と少子化の進行による若年人口の減少をあげています。

　「令和3年度版　厚生労働白書」によると，2020年の日本の合計特殊出生率（15〜49歳までの女性の年齢別出生率を合計したもの）は1.34と低水準にあります。15〜49歳までの1人の女性が生む子どもの数が減少しているため，少子化が進むことになります。

表6-3　合計特殊出生率の推移

	1980	1990	2000	2005	2010	2020
合計特殊出生率	1.75	1.54	1.36	1.26	1.39	1.33

　　出所：厚生労働省「人口動態統計」

2-4　少子化対策

　子どもの人口が減少してきた要因として，かつては子どもを産み育てる環境整備が十分に整っていないことが指摘されていました。子どもを保育園等に預けて仕事に就きたくても，預かってくれる施設がないということが課題でしたが，2022 年 4 月のデータによると，待機児童は解消しつつあります。

　厚生労働省の「保育所等関連状況取りまとめ」（https://www.mhlw.go.jp/content/11922000/000979606.pdf）によると，2022 年 4 月 1 日時点の待機児童（保育所の入所を希望して申請しているにも関わらず，希望保育所が満員で入所できない子ども）は 2,944 人となっており，前年同時期比で 2,690 人減少しています。待機児童は 5 年連続前年比での減少が報告されています。

　待機児童が減少した要因として，厚生労働省は保育の受け皿拡大，就学前人口の減少，新型コロナウイルス感染症を懸念した利用控えをあげています。さらに，今後の見込みとしては，女性就業率の上昇傾向，保育所等申込率（申込数/就学前人口）の上昇，フルタイムの共働き世帯の割合の上昇等により，保育ニーズ（保育所等の申込者数）が再び増加する可能性を指摘しています。

　次に出生率について見ていきましょう。日本政府は出生率の改善のために，子ども・子育て支援の新制度を設立しています。2012（平成 24）年 8 月に成立した子ども・子育て関連三法（「子ども・子育て支援法」，「就学前の子どもに関する教育，保育等の総合的な提供の推進に関する法律の一部を改正する法律」，「子ども・子育て支援法及び就学前の子どもに関する教育，保育等の総合的な提供の推進に関する法律の一部を改正する法律の施行に伴う関係法律の整備等に関する法律」）に基づく子ども・子育て支援新制度（以下「新制度」という）が 2015（平成 27）年 4 月から施行されています。

　2020 年 5 月 29 日に閣議決定した「少子化社会対策大綱」では基本的な目標として「『希望出生率 1.8』の実現に向け，令和の時代にふさわしい環境を整備し，国民が結婚，妊娠・出産，子育てに希望を見いだせるとともに，男女が互いの生き方を尊重しつつ，主体的な選択により，希望する時期に結

婚でき，かつ，希望するタイミングで希望する数の子供を持てる社会を作る」としています。そのための基本的な考え方として大きく5つの項目を設定しています。

1　結婚・子育て世代が将来にわたる展望を描ける環境をつくる
2　多様化する子育て家庭の様々なニーズにこたえる
3　地域の実情に応じたきめ細かな取組を進める
4　結婚，妊娠・出産，子供・子育てに温かい社会を作る
5　科学技術の成果など新たなリソースを積極的に活用する

　細かい内容については政府の少子化対策大綱を参照してください。1については若い世代が将来に展望を持てる雇用環境の整備や結婚を希望する者の支援，子育て等により離職した女性の再就職支援などの項目が並んでいます。

　2については子育てに関する支援として経済的支援，心理的負担の軽減等について触れています。3については結婚，子育てに関する地方公共団体の取り組みに対する支援などです。4は結婚を希望する人を応援することや妊娠中の方や子ども連れに優しい施設や外出しやすい環境整備など，5については結婚支援・子育て分野におけるICTやAI等の科学技術の成果の活用促進等があげられています。

　主な施策としては，地方公共団体の結婚支援への取り組みの支援，妊娠・出産への支援として，不妊治療の費用助成や，不妊治療の医療保険の適用の検討，仕事と子育ての両立として，男性の家事・育児への参加促進として，男性の育休取得30％を目標にした総合的な取組や育児休業給付の検討，待機児童解消などが掲げられています。

　5については重点課題として，AIを活用したシステムと相談員による相談を組み合わせた結婚支援があげられています。従来行われてきた人（相談員）による結婚相談にAIの技術を活用してきています。ある地方自治体ではAIを活用した結婚支援システムを導入しています。

　このような複合的な政策により，結婚を支援し，妊娠・出産を支援して出生率を改善するとともに，男性の育児への参画を促して，子育てのしやすい環境を整備することで，子育て世代をバックアップして，子どもの数の減少傾向に少しでも歯止めをかけていく方向に世の中が動いています。

3．社会保障

3-1　社会保障の仕組み

　社会保障とは国民がお金を出し合って，お互いの生活を支えあう制度です。社会保障には年金，医療費，介護保険，公的扶助，社会福祉などがあります。2022年度の日本の一般会計予算107.5兆円の内訳を見てみると，社会保障費関係費は36.2兆円であり，一般会計予算の33.7%を占めています。

　社会保障関係費の内訳は表6-4の通りです。最も金額が大きいのは年金給付費の1.27兆円で社会保障関係費の35.2%を占めています。次に医療給付費の1.2兆円で33.3%を占めており，年金給付費と医療給付費で全体の68%余りを占めていることになります。ここでは社会保障の中から，医療保険，年金制度，介護保険を見ていきましょう。

表6-4　社会保障関係費の内訳

単位：億円，％

項目	金額	割合
年金給付費	127,641	35.2%
医療給付費	120,925	33.3%
介護給付費	35,803	9.9%
少子化対策費	31,094	8.6%
生活補助等社会福祉費	41,759	11.5%
保健衛生対策費	4,756	1.3%
雇用労災対策費	758	0.2%
合計	362,735	100.0%

医療保険

　私たちは病院の受付で保険証を提示します。病院の会計では，保険診療の場合は，かかった医療費の自己負担分を支払い，残りは保険料から支払われます。医療費の自己負担の割合は75歳以上の者は1割（現役並み所得者は3割，現役並み所得者以外の一定所得以上の者は2割），70〜74歳までの者は2割（現役並み所得者は3割），70歳未満の者は3割，6歳（義務教育就学前）未満の者は2割負担となっています。学生の皆さんですと，保険診療の場合の自己負担は3割で，残りは保険から支払われます。

　日本は国民皆保険制度を敷いており，厚生労働省は日本の国民皆保険制度の特徴を4つ挙げています。①国民全体を公的医療保険で保障，②医療機関を自由に選べる（フリーアクセス），③安い医療費で高度な医療，④社会保険方式を基本としつつ，皆保険を維持するため，公費を投入，となっています。

　保険者は市町村国保，協会健保，組合健保，共済組合，後期高齢者医療制度の5つに分かれています。紙面の都合上，保険者制度の説明は省きますが，詳しくは厚生労働省のサイト「我が国の医療保険について」を参照してください。（https://www.mhlw.go.jp/stf/seisakunitsuite/bunya/kenkou_iryou/iryouhoken/iryouhoken01/index.html）。

年金制度

　私たちは仕事に就いている間は給料という形で収入を得ることができますが，定年退職後は給与所得が途絶えてしまうと考えられます。そのため，収入のあるうちに，ある程度貯蓄をしておいて，老後に備える必要があります。

　日本の年金制度は，国民年金，厚生年金で構成されています。老後の生活資金の確保のためにも私たちは20〜60歳まで年金保険料を国に納めることが義務づけられています。年金は仕事や身分によって変わります。公務員や私立学校教職員が加入する公的年金制度は共済年金と呼ばれていましたが，被用者の年金制度の一元化により，厚生年金保険に加入しています。

　表6-5は国民年金の被保険者についてまとめたものです。学生の皆さんや

表 6-5　国民年金

	加入する制度	対象者
第 1 号被保険者	国民年金	農業者・自営業者・学生・無職
第 2 号被保険者	国民年金＋厚生年金保険	会社員・公務員など
第 3 号被保険者	国民年金	国内に居住し，第 2 号被保険者に扶養されている配偶者

　自営業者は第 1 号被保険者に該当しますので，20 歳から国民年金に加入し，年金保険料を支払うことが義務づけられます。2022 年の国民年金第 1 号被保険者および任意加入被保険者の 1 か月当たりの保険料の金額は 16,590 円です。学生は学生納付特例制度があり，申請により保険料の納付が猶予される制度があります。通常は 65 歳になると年金（老齢基礎年金）が給付されます。

　会社員や公務員などは第 2 号保険者に区分されるので，国民年金と厚生年金に加入します。第 2 号保険者は毎月定率補保険料を会社と折半で負担し，保険料は毎月の給料から天引きされます。定年退職後は老齢基礎年金の上乗せとして，老齢厚生年金が給付されます。

　国内に居住し，第 3 号被保険者に扶養されている配偶者，例えば専業主婦の方は第 3 号被保険者に区分されるので，国民年金に加入することになります。

　年金だけで老後の生活を賄うのは少し厳しいと思いますので，確定拠出年金等に任意で加入することにより，年金を上乗せしてもらう仕組みもあります。

　厚生労働省は公的年金制度について，現役世代が払った保険料を高齢者に給付する，「世代間での支え合い」の仕組み（賦課方式）として説明しています。厚生労働省のサイトにあるライフコース別に見た公的年金の保障のページから，具体的な金額を見てみましょう。自営業者や大学生等の第 1 号被保険者は 20 代から原則 60 歳まで毎月 16,260 円の年金保険料を納めて，65 歳から亡くなるまで基礎年金として月額約 57,000 円の給付を受けます。

会社員や公務員等の第2号保険者は国民年金に上乗せして，厚生年金を支払います。年金保険料は月給の17.828％であり，加入者と会社が折半します。65歳から亡くなるまで受け取る給付額は月額平均約154,000円で，老齢基礎年金に厚生年金が上乗せされたものになっています。専業主婦等の第3号被保険者は年金保険料の負担はなく，第2号被保険者全体で負担しています。第3号被保険者には65歳から亡くなるまで月額約57,000円の老齢基礎年金が給付されます。

　そうすると旦那さんが働いていて，奥さんが専業主婦だった家計の場合の年金給付額は月額で約154,000円＋57,000円＝211,000円になりますが，介護保険料等が天引きされるので，実際に受け取る額はもっと少なくなります。

介護保険

　高齢化が進み，介護ニーズが高まってきたため，高齢者の介護を社会全体で支え合う仕組みとして，介護保険制度が創設され，介護保険法が2000年に施行されました。厚生労働省「介護保険の概要」（https://www.mhlw.go.jp/content/000801559.pdf）によると，介護保険の基本的な考え方は自立支援（単に介護を要する高齢者の身の回りの世話をするということを超えて，高齢者の自立を支援することを理念とする），利用者本位（利用者の選択により，多様な主体から保健医療サービス，福祉サービスを総合的に受けられる制度），社会保険方式（給付と負担の関係が明確な社会保険方式を採用）です。介護保険料は40歳から納めます。

　第1号被保険者（65歳以上の者）は個別市町村に介護保険料を払います。第2号被保険者（40〜64歳までの者）が支払った介護保険料は全国でプールされます。2000年から国民が支払う介護保険料と国が支払う公費を合わせて介護サービスを行うようになりました。

　要介護認定を受けると，在宅サービス（訪問介護や通所介護等）や地域密着型サービス（定期巡回・随時対応型訪問介護看護等），施設サービス（老人福祉施設，老人保健施設等）を受けることができます。要介護認定のレベルによって，受けられるサービスや負担額が変わります。介護施設は①特別

養護老人ホーム，②通所介護（デイサービス），③訪問看護（ホームヘル
パー）があります。

　2020年度予算の介護保険の財源構成と規模を見ると，介護給付費11.5兆
円のうち，保険料と公費がそれぞれ50％ずつ負担しています。保険料の内
訳は第1号保険料（65歳以上）が2.6兆円（23％），第2号保険料（40歳
〜64歳）が3.1兆円（27％）です。公費の内訳は国庫負担金（調整交付金）
0.6兆円（5％），国庫負担金（定率分）2.1兆円（20％），都道府県負担金
1.6兆円（12.5％），市町村負担金1.4兆円（12.5％）で構成されています。
このように私たちは40歳から介護保険料を納め始めて，介護が必要になっ
た時にサービスを受けることになります。

4．おわりに

　厚生労働省が2002年に開いた「少子化社会を考える懇談会（第3回）」に
おいて，少子化の経済的な影響として，生産年齢人口の減少と，短時間勤務
を希望することの多い高齢者の割合の増加により，労働力供給の減少をもた
らすおそれがあると指摘しています。対応するこれまでの対策として，高齢
者・障害者・女性の就業環境の整備，年齢や性別による差別を取り払う雇用
環境，終身雇用・年功序列等固定的な雇用慣行の見直し，能力開発や職業情
報の提供による労働力需給の不適合の解消をあげています。高齢化の進展に
より，年金等社会保障の分野において，現役世代の負担が増大すること。現
状のまま推移した場合には，手取り所得は減少に転じるという厳しい予測に
なるとし，対応するこれまでの対策として，社会保障における給付と負担の
適正化，疾病や要介護状態の防止と高齢期における社会参加の促進があげら
れています。20年前に話されていたことが，現実のものとなってきていま
すね。

　政府は「男性の配偶者の出産直後の休暇取得率80％」に向け，男性の休
暇取得を推進するために，「さんきゅうパパプロジェクト」（https://www.
gov-online.go.jp/useful/article/201603/2.html）を立ち上げています。独身

者には結婚に向けた取り組みに対する支援を，結婚している夫婦には子ども
を産み育てるためのさまざまな支援を展開するなど，政府は少子化対策へ本
腰を入れています。

　介護保険料の負担についてですが，第1号被保険者（65歳以上）は市町村
が徴収することになっており，原則，年金から天引きされます。老後の生活
資金である年金からの天引きはきついですね。第2号被保険者（40～64歳
までの医療保険加入者）の保険料は医療保険者が医療保険の保険料と一括徴
収することになっています。

　年金支給開始年齢はこれまでは60歳でしたが，2000年の法律改正で65
歳に引き上げられることになりました。男性は2013年度から2025年度にか
けて引き上げられます。女性は2018年度から2030年度にかけて引き上げら
れます。年金支給開始年齢の引き上げは，ひっ迫している日本の財政を鑑み
て，国民にできるだけ長く仕事に従事してもらい，税金を払って欲しいとい
う政府の考えが反映されていると思います。

　サラリーマンは所得税，住民税，年金保険料，医療保険料，介護保険料な
どが給料から天引きされています。今後，少子高齢化がますます進んでいく
と，年金保険料や医療保険料を払う現役世代（生産年齢人口）が減少してい
く一方で，年金を受け取る高齢者が一定数おられますので，社会保障費の増
大が予想されます。現役世代の負担はますます増えていくでしょう。「1．少
子高齢化」で見てきたように1人の高齢者（65歳以上）を15～64歳の人口
が支える比率は2030年が1.9人，2040年は1.5人でした。公的年金制度が
賦課方式という，世代間で支えあう考え方に基づいているため，少ない現役
世代の人数で1人の高齢者の生活を支えていかなければなりません。

　内閣官房は2021年11月に「こどもに関する政策パッケージ」を公表しま
した。当面実施する事項として，結婚・妊娠・出産への支援，仕事と子育て
の両立，子育て世帯への経済的支援・住宅支援，困難を抱える子ども・家庭
への支援をあげています。この政策パッケージにはさまざまな政策が盛り込
まれているのですが，その中の一部を紹介すると，不妊治療の保険適用の円
滑な移行に向けた対応，保育所，幼稚園，児童相談所，放課後児童クラブ等

における ICT 化推進，セーフティネット登録住宅（「住宅セーフティネット法」に基づき，規模や構造等について一定の基準を満たした住宅）を活用した子育て支援，UR 賃貸住宅（都市再生機構（UR 都市機構）という独立行政法人が管理している公的な賃貸住宅），ヤングケアラー支援体制の強化などがあります。

　少子化対策を実施していくためには財源の確保が必要ですが，「こどもに関する政策パッケージ」の最後の方には，応能負担や歳入改革というキーワードが書かれています。応能負担とは所得税の累進課税制度のように，収入に応じて負担額が変わる考え方です。日本は今後，財政の健全化に向けて取り組みつつ，少子化対策や社会保障制度を維持するために，制度改革を推進していかなければなりません。

　日本経済団体連合会は 2019 年に「経済成長・財政・社会保障の一体改革による安心の確保に向けて～経済構造改革に関する提言～」を公表しています。その中で，賃金の伸び以上に保険料負担が増えるおそれがあり，現役世代のさらなる社会保険料負担が経済成長に悪影響するとしています。社会保障給付の見通しについての推計がなされていますので紹介します。2018 年と 2025 年を比較すると，医療費は 1.2 倍，介護は 1.4 倍，年金は 1.1 倍に増加すると推計されています。2025 年の社会保障給付費は 140.2 兆円～140.6 兆円と推計されています。2025 年と 2040 年を比較すると，医療費は 1.4 倍，介護は 1.7 倍，年金は 1.2 倍に増加するとしています。2040 年の社会保障給付費は 188.2 兆円～190 兆円になると予測しています。

　この報告書の中では社会保障制度を現状のまま維持（給付のあり方を維持，負担のありかた方を維持，サービスの提供を維持）した場合には，経済成長にも影響し，制度そのものの存続が危ぶまれるとしています。

　もう 1 つの選択肢として，制度の見直しを行った場合には（社会保障）制度の持続可能性を確保することで，将来世代も含めた安心の確保につながることが期待できると結論づけています。その場合には給付のあり方の見直しとして，給付の伸びを抑制すること，負担のあり方の見直しとして，より幅広く負担をわかちあってもらうこと，サービスの提供のあり方の見直しとし

て，資源の最適配分等により，医療・介護費の適正化が図られるとしていま
す。

　厚生労働省の「2040年を見据えた社会保障の将来見通し（議論の素材）」
によると，2018年度の社会保障負担117.2兆円のうち，公費が46.9兆円，
保険料が70.2兆円です。ベースラインケースのうち，計画ベース（医療は
地域医療構想及び第3期医療費適正化計画，介護は第7期介護保険事業計画
を基礎とした場合）の推測値をみると，2040年度の社会保障負担は
185.5〜187.3兆円に上る見込みです。内訳は公費が79.5〜80.3兆円，保険
料が106.1〜107.0兆円です。2018年と比較して，2040年は公費が約1.7
倍，社会保険料は約1.5倍に増加すると予測されています。

　人口の減少によって日本経済のパフォーマンスが低下し，経済が弱体化し
ていかないように，子育てに一段落した女性が職場復帰しやすいような環境
の整備や高齢者の雇用を促進していくことが必要になってきます。さらには
増税や社会保険料の増額も必要不可欠になってくるでしょう。コラムに書き
ましたが，医療・介護分野へのデジタル化による生産性の向上がカギとなる
と思います。

Column	6-1　介護の分野の DX

　生産年齢人口（15〜64歳）が減少し，少ない人数で1人の高齢者を支えてい
くため　には，労働生産性を上げていく必要があります。

　「労働力調査」によると，2021年の就業者数は総数で6,713万人，その中で医
療・福祉の就業者数は891万人であり，全体の13.3％を占めています。2002年
からの就業者数の動きを見ると，総数は2008〜2012年は減少傾向にありました
が，2013〜2019年にかけては増加傾向にありました。その一方で，医療・福祉
の就業者数は2002年から2021年まで一貫して増加傾向にありました。

　「令和4年度版厚生労働白書」によると，2040年に必要と見込まれる医療・福
祉就業者数は1,070万人。一方で，その時点で確保が見込まれる医療・福祉就
業者数は，974万人と推計されていますので，このままでは96万人が不足する
ことになります。

　DX（デジタルトランスフォーメーション）という言葉が身近なものになって

きていますが，介護の現場でも DX 活用が期待できるでしょう。例えば，AI によるケアプランの作成支援や，介護ロボットの導入があります。Future Care Lab Japan のサイトには介護の分野の DX 活用の事例が掲載されています。それによると，センサー（パッド）で排せつを検知し，排せつ記録をデジタル化することで，ケアの質の向上と業務負担の軽減につなげることができます。ほかにもベッドから車いすへ介護者を移動させる際に，一人の介助者で移動ができるように，介助者をアシストする移乗支援ロボットも開発されています。センサーメーカーと連携して，全センサーを 1 つの画面で確認できる，データを連結した見守りシステムなども開発されています。このように，介護の現場に DX を取り入れることにより，限られた人数で生産性を上げるための仕組みが整いつつあります。厚生労働省は医療・介護の分野への ICT の導入を図る「データヘルス改革」を推進しています。

参考文献
一般社団法人　日本経済団体連合会（2019）「経済成長・財政・社会保障の一体改革による安心の確保に向けて～経済構造改革に関する提言～」
厚生労働省「2040 年を見据えた社会保障の将来見通し（議論の素材）」（2018）（https://www.mhlw.go.jp/file/06-Seisakujouhou-12600000-Seisakutoukatsukan/0000207399.pdf）
国立社会保障・人口問題研究所（2017）「日本の将来推計人口　平成 29 年推計」（https://www.ipss.go.jp/pp-zenkoku/j/zenkoku2017/pp29_ReportALL.pdf）
国立社会保障・人口問題研究所（2017）「2015 年 社会保障・人口問題基本調査（結婚と出産に関する全国調査）　現代日本の結婚と出産―第 15 回出生動向基本調査（独身者調査ならびに夫婦調査）報告書―」（https://www.ipss.go.jp/ps-doukou/j/doukou15/NFS15_report1.pdf）
内閣官房（2021）「こどもに関する政策パッケージ」（https://www.cas.go.jp/jp/houdou/pdf/20211130kodomo.pdf）
内閣府（2022）「令和 4 年版少子化対策白書」（https://www8.cao.go.jp/shoushi/shoushika/whitepaper/measures/w-2022/r04webhonpen/index.html）
内閣府（2022）「令和 4 年版高齢社会白書」（https://www8.cao.go.jp/kourei/whitepaper/w-2022/zenbun/04pdf_index.html）

第 7 章

医療と経済

1．医療費の動向

　日本において1年間に費やされる医療費の総計は，国民医療費という指標で示されます。毎年，厚生労働省が推計し，公表しています。図7-1は国民医療費の推移を示しています。2019年度の総計は，44兆3,895億円となっています。これを人口1人当たりに換算すると，35万1,800円です。そして，対GDP（国内総生産）比率でみると，7.93％となっています。過去にさかのぼってみてみると，金額についてはいうまでもなく，経済の規模と比較しても，増加傾向が続いていることがわかります。ところで，総計は単位が大きすぎて，実感がわかないが，1人当たりの金額の多さには驚いたという読者も多いのではないでしょうか。経済学の観点から，特に注目してほしいのは，対GDP比率です。仮に医療費がどれだけ増加したとしても，それを支えるだけの経済の規模や所得があれば，まったく問題がないといいたいところではあります。しかし，医療費がこれから先も増加し続けていくとすれば，話は別です。いつまでも楽観的でいることはできないでしょう。実は，買薬の費用などは国民医療費に含まれていません。したがって，医療関連の支出の合計となると，現時点でもさらに金額が膨らむことになります。

　さて，医療費はなぜ増え続けるのでしょうか。その原因として，人口の高齢化を思い浮かべる人は多いことでしょう。図7-2は年齢階級別にみた受療率（人口10万対）の年次推移を示しています。厚生労働省の「患者調査」において，受療率は人口当たりの推計患者数を表わしています。入院，外来

図7-1　国民医療費の推移

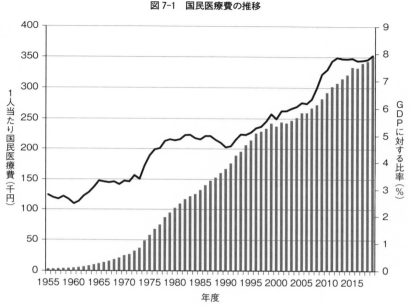

注：棒グラフは1人当たり国民医療費，折れ線グラフはGDPに対する比率を示す。
出所：厚生労働省『令和元年度国民医療費』（https://www.mhlw.go.jp/toukei/list/37-21.
　　　html）より作成。

　ともに，65歳以上の人たちの受療率が他の年齢層の人たちよりもかなり高
くなっていることがみてとれます。若者と比べて高齢者は医療機関を受診す
る回数が多く，費やす医療費も高額になっていると考えられます。しかし，
この図にはもう1つ注目すべき点があります。それは，時間の経過とともに
受療率が低下傾向にあるということです。高齢者の受診行動によって医療費
の水準が高くなっているとしても，医療費を増加させ続ける要因とはなって
いないことがわかります。
　筆者は日本の将来の医療費について予測を行ったことがあります。その結
果からも，人口の年齢構成の変化（高齢化）が医療費に及ぼす影響は，それ
ほど大きくはないことがわかっています。
　次に，人口の高齢化以外の要因についても，考えてみましょう。有力な候

図 7-2　年齢階級別にみた受療率（人口 10 万対）の年次推移

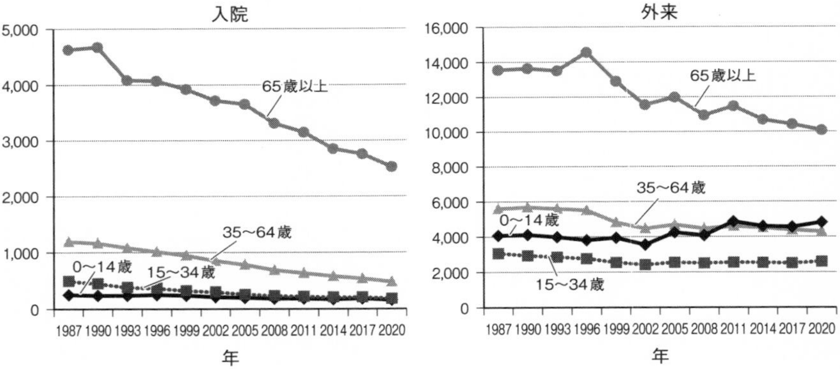

注：2011 年は，宮城県の石巻医療圏，気仙沼医療圏および福島県を除いた数値。
出所：厚生労働省『令和 2 年（2020）患者調査』（https://www.mhlw.go.jp/toukei/list/10-20.html）
　　　を一部修正。

補の 1 つは，医療の技術進歩です。新しい技術を開発するためには膨大な費用と時間がかかります。この技術がある程度普及するまでは，その価格が高くなってしまうことは避けられないことです。これが医療費を増加させるのです。健康と長寿は人類の究極の目標の 1 つといっていいでしょう。それを実現するため，医療の技術進歩はなくてはならないものです。このような構造は，これから先も変わらないと考えられます。

　私たちが生活を維持していくためには，医療以外にもさまざまな財やサービスが必要です。資源には限りがあります。当然，医療に割り当てることができる資源に限りがあることも確かなのです。経済学でいうところの「資源配分」の問題に私たちは直面しているのです。今は何とかなっても，将来のどこかの時点で，これ以上は医療に資源を向けられないという事態にいたることがないとはいえません。そのときは，私たちにとってより優先度が高い医療は何かを選ぶ必要がでてくるでしょう。あっては欲しくないですが，苦渋の選択を強いられるのです。もちろん，それでも必要と判断された医療のための支出は，何としても維持していくべきだと筆者は考えています。このような事態にいたるまでは，医療費は増大し続けることになるかもしれませ

ん。限界に達するのを少しでも遅くするために，今からでもできることは，医療サービスを効率よく生産・提供していく工夫です。もしも，無駄が生じていれば，それは取り除いていかなければなりません。

　医療費に関して，もう1つ重要なことを指摘しておきます。そもそも，医療費は医療機関の生産額でもあるのです。経済活動の一部を構成しているものです。医療費の増加による経済的な波及効果は重要なのです。

2．医療のパフォーマンス

　図7-3は，OECD加盟国の平均寿命を示しています。通常，平均寿命は

図7-3　平均寿命（OECD加盟国）

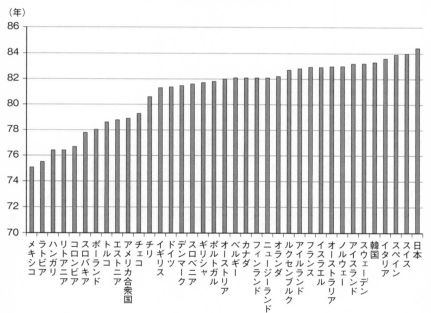

注：各国とも，男性と女性の平均寿命の加重平均値となっている。
　　2019年のデータである。
出所：OECD『より良い暮らし指標（BLI）』（https://stats.oecd.org/Index.aspx?DataSetCode=
　　BLI）より作成。

男女別に計算されるものですが，ここでは，男性と女性の平均寿命の加重平均値となっています。この図からわかる通り，OECD 加盟国中，日本はトップの長寿国となっています。平均寿命は健康水準を表わす指標として，もっともポピュラーなものです。さまざまな要因が重なり合って，日本の健康水準は高くなっていると考えられます。気候風土，所得水準，教育水準，などの好条件がそろったからでしょうが，ここでは医療が果たす役割の大きさに限定して考察してみます。

　日本は他国より医療に多くのお金をかけた結果として，高い健康水準を維持できているのでしょうか。図 7-4 は OECD 加盟国の 1 人当たり医療費，図 7-5 は OECD 加盟国における医療費の対 GDP 比率を示しています。どち

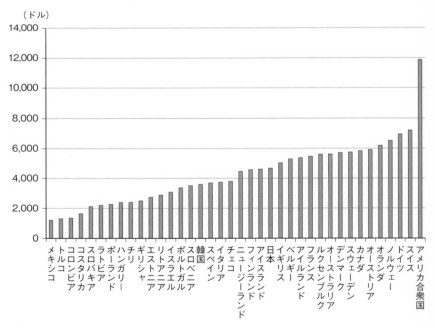

図 7-4　1 人当たり医療費（OECD 加盟国）

注：各国とも，2020 年のデータである。
出所：OECD（2022），Health spending（indicator）. doi: 10.1787/8643de7e-en（Accessed on 14 September 2022）より作成。

図7-5　医療費の対 GDP 比率（OECD 加盟国）

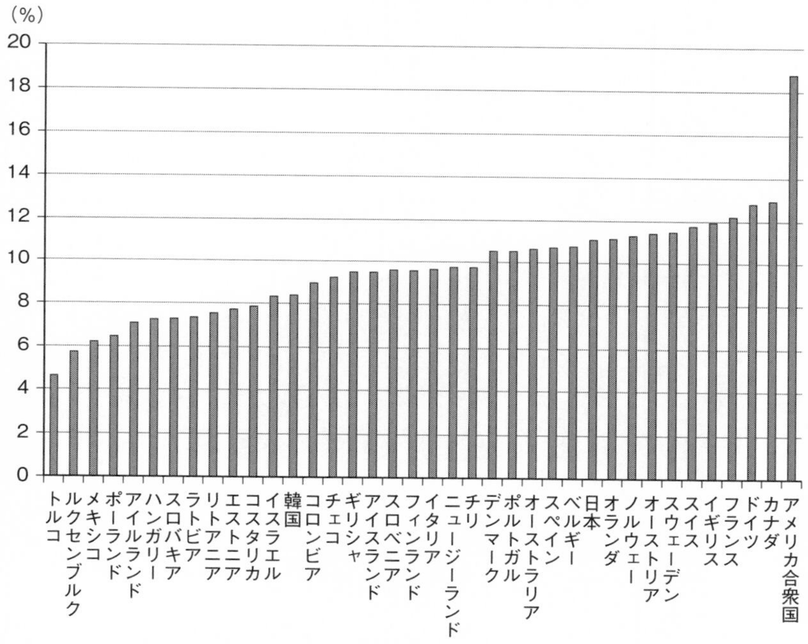

注：各国とも，2020 年のデータである。
出所：OECD（2022），Health spending（indicator）. doi: 10.1787/8643de7e-en（Accessed on 14 September 2022）より作成。

らの指標も，アメリカ合衆国が断トツの1位となっています。日本における
1人当たり医療費は加盟国中 16 位であり，1位のアメリカ合衆国の半分にも
満たない金額です。また，医療費の対 GDP 比率は，加盟国中 11 位であり，
1位のアメリカ合衆国の数値，18.816％と比べると，11.134％とそれほど高
くはなっていません。ちなみに，日本については，第1節で説明した国民医
療費とここで示した医療費とでは対象となる費用の範囲が異なっています。
これらのデータから，医療に多くのお金をかけたからといって，必ずしも健
康水準が向上するというものではないことがわかります。国際比較を行った
結果，日本は相対的に少ない医療費で良好な健康水準を獲得していることが

わかりました。医療のコストパフォーマンスは抜群によいといえるでしょう。もちろん，健康でないから，医療費がかかってしまう（健康であれば，医療費はかからない）という，逆の因果性がある可能性も考えなければなりません。

3．医療保険制度

　医療サービスは決して安価なものではありません。病気やけがをしても，治療にかかる費用を全額自分で支払わなければならないとしたら，医療機関で診てもらうことをためらう人がでてくるかもしれません。誰もが気軽に医療機関で診てもらうことができるようにするためには，その負担を軽減する工夫が必要です。ちなみに，万が一に備えて，必要と考えられるお金をすべ

図 7-6　保険診療の仕組み

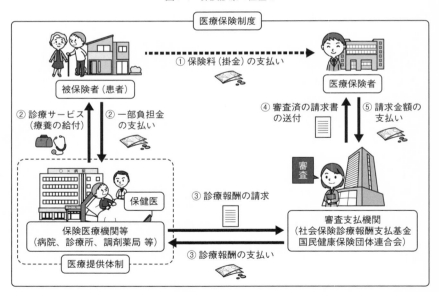

出所：厚生労働省『令和 3 年版　厚生労働白書　資料編』（https://www.mhlw.go.jp/wp/hakusyo/kousei/20-2/）。

て個人的に貯めておくというのは，効率的とはいえません。より無駄がない
方法として，日本には社会全体で助け合う仕組みである公的医療保険制度が
あります。私たちは医療保険に加入して，保険料を支払えば，病気やけがを
しても，医療機関で安い費用で治療を受けることができるようになっていま
す。保険という名前はついていますが，医療費を保険料からの財源だけです
べてまかなうのではなく，公費や患者一部負担によってもまかなっていま
す。保険診療の仕組みについては，図7-6を参照してください。

　さて，国民医療費は保険診療の対象となりうるものにかかる費用です。こ
こで，財源別の国民医療費の構成割合をみておくことにします。これらをプ
ロットしたものが図7-7です。この図において，「その他」として分類され

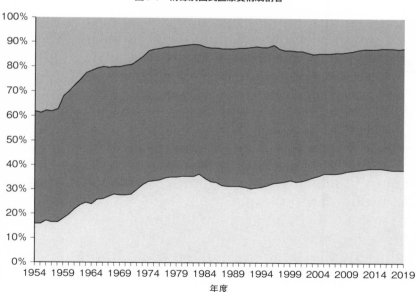

図7-7　財源別国民医療費構成割合

□ 公費　■ 保険料　▨ その他

出所：厚生労働省『令和元年度国民医療費』（https://www.mhlw.go.jp/toukei/list/37-21.html）
　　より作成。

ているもののうちのほとんどの部分は患者一部負担となっています。患者一部負担の割合は，1960年度までは30％台でした。1961年度に30％を切ってからは1980年代初めまで低下し続け，1982年度には10.5％となりました。その後は，小幅な上昇と下降を繰り返しながら現在にいたっています。保険料負担の割合は，1960年度に50％を超え，これ以降は国民医療費の50％強が保険料によってまかなわれるという状況が続きました。1980年代末から1990年代半ばにかけてはやや高めに推移し，1992年度には57.6％にまで達しました。その後は低下傾向を示し，2004年度からは50％を切る水準で推移しています。公費負担の割合は，1950年代半ばから1980年代初めまでは上昇傾向にあり，1983年度には36.4％に達しました。その後，若干低下したものの，2003年度以降は30％台後半で推移しています。

　国民皆保険以降，医療保険制度の患者一部負担については，たびたび改正がなされてきました。表7-1は患者一部負担の推移を示しています。ここでは，高齢者に注目してみておきましょう。老人医療費支給制度の時代は，負担はありませんでした。このことが医療機関への過剰な受診を招いてしまいました。いわゆる病院のサロン化（医療機関が治療の場というよりも，高齢者が無料で集える場所になったという意味です）という現象です。老人保健制度になってからは，徐々に自己負担が引き上げられていきました。最終的には，現役並みの所得がある高齢者には，それに見合った負担をしてもらおうというようになりました。後期高齢者医療制度となってからも，その方針はかわりません。

表7-1　医療保険制度の患者一部負担の推移

区分	～昭和47年12月	昭和48年1月～	昭和58年2月～	平成9年9月～	平成13年1月～	平成14年10月～	平成15年4月～	平成18年10月～	平成20年4月～	令和4年10月～
高齢者	老人医療費支給制度前	老人医療費支給制度（老人福祉法）　なし	老人保健制度　入院300円/日 外来400円/月	→1,000円/日 →500円/日（月4回まで）＋薬剤一部負担	定率1割負担（月額上限付き）＊診療所は定額制を選択可 薬剤一部負担の廃止 高額医療費創設	定率1割負担（現役並み所得者2割）	定率1割負担（現役並み所得者3割）〔75歳以上〕	定率1割負担（現役並み所得者3割）〔75歳以上〕	後期高齢者医療制度　1割負担（現役並み所得者3割）〔75歳以上〕　2割負担（現役並み所得者3割）※平成26年3月までに70歳に達してる者は1割（平成26年4月以降70歳になる者から2割）〔70～74歳〕	後期高齢者医療制度　1割負担（現役並み所得者3割）現役並み所得者以外の一定所得以上の者2割〔75歳以上〕
若人　国保	3割	3割 高額療養費創設（S48～）	入院3割 外来3割＋薬剤一部負担（3歳未満の乳幼児2割（H14年10月～））			3割 薬剤一部負担の廃止	3割〔70～74歳〕	3割〔70歳未満〕（義務教育就学前2割）	3割〔70歳未満〕（義務教育就学前2割）	
若人　被用者本人	定額負担	定額→1割（S59～） 高額療養費創設	入院3割 外来2割＋薬剤一部負担（3歳未満の乳幼児2割（H14年10月～））							
若人　被用者家族	5割	3割（S48～）→入院2割（S56～） 高額療養費創設 外来3割（S48～）	入院3割＋薬剤一部負担 外来3割＋薬剤一部負担（3歳未満の乳幼児2割（H14年10月～））							

出所：厚生労働省『我が国の医療保険について』（https://www.mhlw.go.jp/stf/seisakunitsuite/bunya/kenkou_iryou/iryouhoken/iryouhoken01/index.html）。

Column　7-1　被保険者の受診行動

　公的医療保険の被保険者は保険料を支払うことによって，自らの受診行動を変えているのでしょうか。これは重要かつ興味深い問題なのです。以下では，被保険者の受診行動について，3 つの仮説を説明します。

　1 つめの仮説は，保険料が被保険者の受診行動に影響を及ぼすことはまったくないというものです。公的医療保険の保険料はサンク・コストであり，本来は回収不可能な費用であるというのがその理由です。これは，従来のオーソドックスな経済学が想定する考え方です。

　2 つめの仮説は，行動経済学において提示されているアノマリー（オーソドックスな経済学と現実の人間行動との間に生じる食い違い）です。国民健康保険の被保険者を対象としたアンケート調査を用いた研究において，保険料を支払うと，損失回避の心理や権利意識が芽生えて，回答者のうち無視できないほどの人たちが保険料をサンク・コストとはみなさずに，医療保険を使わないと損をする，あるいは，支払った保険料を回収しようと考えて，通院を始めたり，通院回数を増やしたりするという結果が報告されているのです。ちなみに，この仮説は，公的医療保険の被保険者が権利意識を持つこと自体を否定的にとらえるものではありません。むしろ，権利性が高いことは望ましいことです。しかし，このような意識が，場合によっては，医療サービスの過剰な需要を生みだす可能性があること（モラル・ハザード）を想定しているのです。

　3 つめの仮説は，被保険者は保険料を支払うことによって，コスト意識が芽生えるというものです。すなわち，保険料が高いということは医療サービスの利用が多すぎるからだと考え，医療サービスのコスト節約のために受診をなるべく控えようとするのです。

　2 つめの仮説と 3 つめの仮説は，保険料が受診行動に影響を及ぼしているという点では同じですが，次のような相違があります。2 つめの仮説は，本来ならばする必要のないことをしようとするというものであって，オーソドックスな経済学では説明できないアノマリーとなります。一方，3 つめの仮説は，日頃からコスト節約を心がけることによって，まだ支払っていない将来の保険料が高くならないようにするというものです。これは，過剰な受診を抑制することにつながるため，望ましい行動といえなくもありません。しかしながら，次のような問題点を指摘できます。まず，公的医療保険の場合，ある個人が受診を控え

てコスト節約に貢献したとしても，貢献度に応じてその人の保険料だけが引き下げられるということはありません。多くの被保険者が同様にコスト節約に励まないと保険料の引き下げは実現しないのです。さらに，コスト節約も度を越すと過少受診につながり，病気をこじらせてしまい，かえって医療費がかかってしまうことになりかねないとも考えられます。

4. 地域差

　これまでは，日本の医療の全体の姿を見てきました。国全体の平均ではなく，地域レベルでみると，差異が存在していることも否めない事実です。

　国民医療費についてもそうです。この統計は都道府県別でも推計され，公表されています。図7-8は都道府県別にみた人口1人当たり国民医療費です。この図をみると，医療費は地域ごとにかなり違いがあることがわかります。最も高いのは高知県の46万3,700円であり，最も低いのは千葉県の30万8,500円です。一般にいわれるように，西高東低，すなわち，西日本で高く，東日本では低くなる傾向があることがみてとれます。

　医療費については，なぜこのような地域差が生まれるのでしょうか。原因究明の手掛かりとなるのは，医療資源の地域差の存在です。図7-9は人口10万対医療施設従事医師数（主たる従業地による都道府県別）を示しています。この図からわかるように，人口当たりの医師数も，西高東低となっています。この関係については，コラムで説明します。

　私たちは，医療費の地域差がどこまで許容されるかという課題についても考えなければなりません。これは，結局のところ，各地域で必要とされる医療費の拡大はどれだけか，あるいは，医療費の多い地域で無駄は生じていないか，という問題を解決しなければならないということなのです。

図7-8　都道府県別にみた人口1人当たり国民医療費（2019年度）

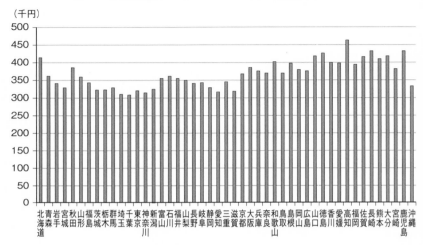

出所：厚生労働省『令和元年度国民医療費』（https://www.mhlw.go.jp/toukei/list/37-21.html）より作成。

図7-9　人口10万対医療施設従事医師数（主たる従業地による都道府県別，2020年）

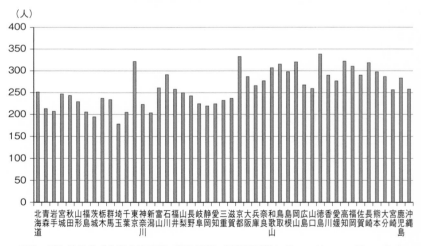

出所：厚生労働省『令和2年医師・歯科医師・薬剤師統計』（https://www.mhlw.go.jp/toukei/list/33-20.html）より作成。

| Column | 7-2　人口当たりの医療費と医師数との関係 |

　人口当たりの医療費と医師数との関係については，いくつかの解釈がでてきます。1つは，医師誘発需要理論というものです。この仮説によれば，人口に対して医師数が多い地域で開業している医師は，収入を維持するために，患者に対して過剰に医療サービスを提供する。その結果として，医療費が高くなるというのです。それができるのは，医師と患者の間で医学の知識に大きな隔たりがあるからです。

　別の有力な考え方もあります。人口に対して医師数が多い地域の患者は，医療機関へのアクセスが容易になり，受診しやすくなります。それが医療費の増加につながるというものです。筆者はこれがもっともらしい説明であると考えています。

　もちろん，医師が開業する場所を決める際には，もともと費やされる医療費が多い地域をねらっていくという可能性もゼロとはいえません。

5．主観的健康度と客観的健康度

　日本の健康水準の指標については，きわだった特徴があります。上述のように，OECD加盟国中で平均寿命はトップです。平均寿命は客観的な指標です。図7-10は，同じくOECD加盟国における自己報告による健康度を示しています。これは，主観的な指標です。この図をみると，日本は韓国に次いで，下から2番目の低さとなっています。客観的な指標と主観的な指標の隔たりがきわめて大きくなっているのです。健康指標に関しては，日本は国際的にみて大きな矛盾を抱えた国ということになります。このような状況については，日本人の健康状態に対する主観的な評価が何らかの理由（国民性など）で過小となっていることも考えられますが，主観的健康指標と比べて客観的健康指標をはるかによくするような日本特有の要因が存在することも考えられます。日本において主観的健康指標と客観的健康指標とが大きく乖離する理由を解明することは，きわめて興味深い研究テーマなのです。

　最後に，都道府県ごとに自己報告による健康度の違いをみておきましょう

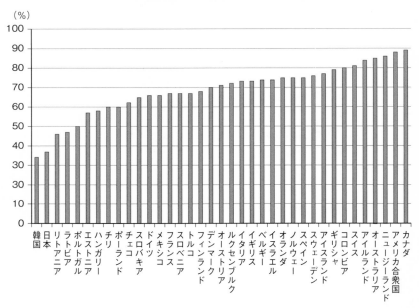

図 7-10　自己報告による健康度（OECD 加盟国）

注：15 歳以上の調査回答者のうち，自らの健康について「よい」（より肯定的な回答区分も含む）と答えた人の割合である。

アイスランドは 2018 年，オーストラリアとチリは 2017 年，メキシコは 2006 年のデータである。これらの国以外は 2019 年のデータである。

出所：OECD『より良い暮らし指標（BLI）』（https://stats.oecd.org/Index.aspx?DataSetCode=BLI）より作成。

（図 7-11）。狭い日本の中でも，地域によって違いがあることがわかります。県民性や気候風土の違いもあるでしょうが，それ以外の要因もあるかもしれません。

図7-11　自己報告による健康度（都道府県）

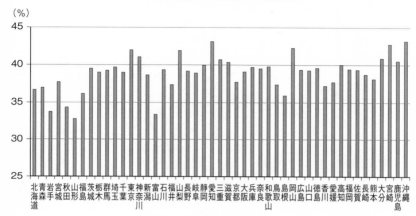

注：6歳以上の調査回答者のうち，自らの健康について「よい」または「まあよい」と答え
た人の割合である。

出所：厚生労働省『令和元年国民生活基礎調査』（https://www.mhlw.go.jp/toukei/list/20-
21.html）より作成。

参考文献

安藤潤・佐川和彦・塚原康博・馬場正弘・松本保美・鑓田亨（2014）『少子・高齢化と日本経済』
　　文眞堂。

佐川和彦（2012）『日本の医療制度と経済―実証分析による解明―』薬事日報社。

佐川和彦（2019）「日本における主観的健康指標と客観的健康指標の乖離について」『厚生の指標』
　　第66巻，第4号，36-42ページ。

塚原康博（2003）『人間行動の経済学　実験および実証分析による経済合理性の検証』日本評論社。

第 8 章

財政赤字と予算制度

1. 政府債務

1-1　政府債務の国際比較

　政府は，防衛，警察，一般道・港湾・護岸整備など多くの人が共通で利用するサービスを提供します。また政府は，国民健康保険，公的年金制度など各個人に恩恵を与える制度を提供し，生活に困窮した人を生活保護で援助します。

　政府と言われると国会，裁判所，内閣などを最初に思い浮かべるかもしれません。身近なところでは市区町村のゴミ収集なども政府の活動です。政府の存在感は小さいかもしれませんが，私たちの生活に浸透しています。

　経済学に基づく政府の定義は「一般政府」です。一般政府は「通常の産業活動では供給されないような共通のサービスを無償または生産コストを下回る価格で社会に供給している主体」と定義されます。一般政府は，SNA（国民経済計算）という国連が加盟各国に勧告する統計上の原則に基づく定義なので国際比較に適した定義と言えます。一般政府は，中央政府，地方政府，社会保障基金から構成されています。

　一般政府の定義が示唆するように，政府は，税や社会保険料を徴収して，公共サービスを提供し採算に合わない活動を行う経済主体ですから，一般政府が保有する物的な資産の多くは，市場で容易に売却できません。そのため政府債務として意味があるのは，債務から資産を差し引いた政府純債務ではなく，資産を差し引かない政府総債務であると通常は考えられています。

図 8-1　一般政府総債務（対 GDP 比）の推移

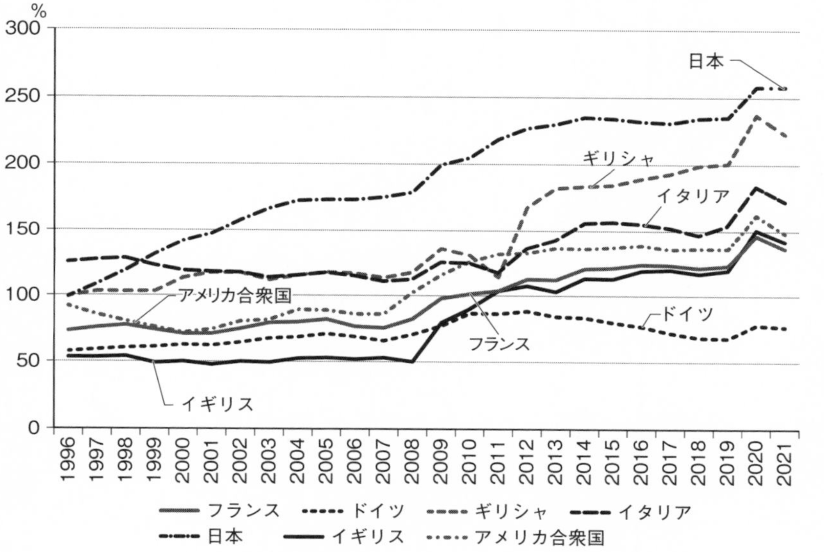

出所：OECD National Accounts at a Glance

　公的部門は，この一般政府と公的企業から構成されます。公的企業とは，公的に所有・支配されている企業で，基本的に独立採算で運営されています。公的企業の例としては，日本銀行や政府系金融機関，国の特別会計（一部），地方の事業会計などがあります。

　日本の政府総債務（対 GDP 比）は，先進国の中で最も高い水準にあり2020 年度には 254％ の水準に達しています。2020 年度には，国内総生産（GDP）は約 536 兆円で GDP の一部が税収となるため，図 8-1 の折れ線グラフの高さ（一般政府総債務÷GDP×100）は，将来の税収で政府総債務を返済する際の困難さを表します。

　図 8-1 の折れ線グラフを見比べると，多くの国で 2008 年 9 月のリーマンブラザーズ破綻後の世界同時不況や 2020 年の新型コロナ危機による政府支出の拡大などを契機に政府総債務が上昇する傾向が見られますが，日本は諸外国に比べ，政府総債務対 GDP 比の上昇期間が長く，急速に悪化していま

す。図 8-1 では，近年，予算制度改革を行っているドイツを除く各国では，一般政府総債務が上昇傾向を示しています。ギリシャは 2015 年夏にギリシャ危機に陥り，その後，欧州連合（EU）などの債権団から年金改革や財政黒字化目標の達成を求められ交渉を行ってきました。政府総債務対 GDP 比が 20 年に 304％とデータのある国で唯一，日本よりも高い数字のベネズエラは最近 5 年間，深刻な経済危機と高いインフレ率（20 年約 3000％，21 年 636％）を経験しました。今後，日本でも少子高齢化が進み貯蓄が減少し，国債の保有を外国に頼るようになると，日本政府が債務不履行するのではという憶測から，過度のインフレや急激な円安を招く可能性が高まることになります。

　日銀が国債を大量に買い入れ，国債利子率を人為的に抑えているため，金利急騰という通常の財政危機のアラームは鳴らないため，国民が政治に財政再建を求める声は小さいままです。しかし現状でも借金の返済に追われ，社会保障関係費以外の政府支出が十分でないため，科学技術，教育，医療，インフラ整備，脱炭素時代の産業政策などで諸外国に立ち遅れつつあります。コロナ禍では，ワクチン開発への政府支援などが手薄であることが明らかになりました。低金利と，景気が悪くなったら政府から助けてもらえるという期待が非効率な会社の延命をもたらし，経済の新陳代謝が思うように進みません。

1-2　財政収支関連の定義

　財政収支の一般的な定義を紹介し，その後で，日本の「国の予算」として注目されることが多い，日本の中央政府の一般会計予算に関する財政収支について説明します。

　財政収支とは，財政をめぐるお金の収支尻のことで，まず，政府収入と政府支出を次のように定義します。

　定義：歳入（一会計年度内の収入の総計），歳出（一会計年度内の支出の総計），

　定義：政府収入＝公債金（借金）収入以外の歳入，

　　定義：政府支出＝債務償還費を除く歳出。

　　定義：財政収支＝政府収入－政府支出。

　　政府収入と政府支出について説明します。借金は，お金が足りないから借金をしているわけですので，政府収入からは除外されます。税収や手数料収入などは政府収入です。同様にして，借金を返済した金額（債務償還費）は，財・サービスの購入などには使わず，これまでの債務を解消した金額ですので政府支出から除外されます。

　　なお政府支出の内訳は，次のように4つに分けることができます。

　　　　政府支出＝移転支出＋政府消費＋政府投資＋利払い費。

　　移転支出は，政府が行う生活保護の給付のように，政府の支出に対して，政府がその対価を得ることがない支出のことで，お金や物の所有権の移転だけが行われます。政府消費は，政府が公共サービスを提供する際に政府が支払う公務員の給料など（行政サービスの経費），政府投資は，道路・港湾の建設など，政府が負担する物的な資本の増加などが含まれます。債務償還費と異なり，利払い費は政府支出の一部になります。

　　各年度の財政赤字は，資産の売却あるいは債務の増加によって賄われるので，純債務＝債務－資産と定義すると「今年度の財政赤字＝今年度末の政府の純債務－前年度末の政府の純債務」という関係があります。例えば，2022年度末の政府純債務が1000兆円で，2023年度の財政赤字が40兆円であるとすれば，2023年度末の政府純債務は1040兆円に膨らみます。

　　一方，基礎的財政収支（プライマリー・バランス）とは，政府収入（主に税収）で，利払い費以外の政府支出（政策的経費）を賄えているかどうかを見る際に用いられます。

　　　　定義：基礎的財政収支＝政府収入－（政府支出－利払い費）

　　　　　　　　　　　　　　＝財政収支＋利払い費。

　　基礎的財政収支の均衡は，政府収入で利払い費以外の政策的経費を賄っている状態です。基礎的財政収支がゼロの時には，今年の政策的経費を今年の政府収入で賄っていますから，今年の経費を将来世代に転嫁しないことになります。基礎的財政収支が赤字だと，代金の一部をつけにして食事をしてい

るような状態になります。

　ただし基礎的財政収支をゼロにしても，基礎的財政収支＝財政収支＋利払い費＝0となっているので，財政収支＝−利払い費となり，利払い費分だけ財政赤字が生じ，政府純債務は，この利払い費分だけ増加します。今期の税収は今期の政策的経費にすべて使っていますから，利子の支払いは借金で賄うことになります。

　ところで，日本の一般会計に着目すると，一般会計の財政収支＝政府収入−政府支出＝（一般会計歳入総額−公債金収入）−（一般会計歳出総額−債務償還費）＝債務償還費−公債金収入となります。（最後の等号は一般会計歳入総額＝一般会計歳出総額なので）

　一般会計における公債金収入は，新規に公債を発行して借り入れた金額です。公債金収入の額だけ公債残高が増加する一方，債務償還費だけ，公債残高が借金返済により減少するので，財政赤字＝公債金収入−債務償還費　という関係が一般会計では成り立ちます。

　一般会計については，一般会計歳出総額（ワニの上顎）と税収（ワニの下顎）とを比較して，ワニの口が大きく開いたままになっているとよく喩えられます。（この差は財政赤字とは少し違います。）

　財政法第4条の但し書きで，投資的経費を賄う国債（建設国債）の発行を例外的に容認していますが，それだけでは足らず，特別立法が必要な，消費的・経常的な経費を賄う特例国債（赤字国債）の発行をせざるを得ない状況が続いています。

1-3　財政赤字の原因（循環的財政赤字と構造的財政赤字）

　財政赤字は，大きく2つに分けることができます。

①循環的財政赤字……税収や失業給付の増減を通じて景気の好不況に応じて変動する財政赤字。不況期には循環的財政赤字が拡大しますが，これは財政の自動安定化機能（ビルトイン・スタビライザー）が働き，累進的な税制や社会保障制度などが景気を下支えしていることを意味します。

②構造的財政赤字……景気が良くなってもなくならない財政赤字（GDPが

潜在 GDP に等しかったとしても生じたであろう財政赤字）。潜在 GDP とは，生産に十分な労働と資本が稼働されている場合の GDP（経済が成長トレンド上にある時の平均的な GDP）で，推計方法により違いが生まれる。

これら2つの部分に分解すると，構造的財政赤字は，政府が景気の状況に応じて財政支出を新たに決定する，裁量的な財政政策の結果生まれた赤字や，社会保障関係費など景気循環とは関係なく現在の制度の下で人口高齢化により拡大する財政赤字や，潜在 GDP 成長率の低下（生産性の低下，生産年齢人口の減少，生産設備などの資本ストックの減少など）による財政赤字などを反映しています。

日本の財政赤字の多くの部分が構造的財政赤字となっており，現状の歳出歳入構造のままでは，政府債務が累増してしまいます。図8-2 は日本の一般政府の財政収支の対 GDP 比と，構造的財政収支の対潜在 GDP 比を比べたものです。両者の分母が異なるため，財政収支と構造的財政収支のタテ方向の差額が循環的財政収支とは言えませんが，財政収支の大きな動きが構造的財政収支によって方向付けられています。産出量ギャップは，100×（GDP－潜在 GDP）÷潜在 GDP と計算され，GDP が潜在 GDP を何％上回るかを表す数値です。産出量ギャップの折れ線が0％よりも上に（下に）ある時は，現実の GDP が潜在 GDP を上回る（下回る）ので，平均的な状態よりは好景気（不景気）であるため循環的財政黒字（赤字）が発生しています。

一方，構造的財政収支が赤字である場合には，景気対策などの財政政策が拡張的に行われていたり，人口高齢化によって膨らむ社会保障給付に比べ税・社会保険料の税率が低く将来世代に負担を先送りしていたり，経済の実力（潜在 GDP）が低下して（GDP が潜在 GDP 水準にある時の）税収が落ちているのに，身の丈を越えた歳出を行っていたりします。

図8-3 では日本の一般政府の財政収支（対 GDP 比）と基礎的財政収支（対 GDP 比）とを比較しました。基礎的財政収支から財政収支を引くと利払い費になるので，政府の純債務が正になっている近年では基礎的財政収支の方が財政収支よりも財政赤字の絶対値が小さくなって（グラフでは上方に

図 8-2　財政収支，構造的財政収支，産出量ギャップ

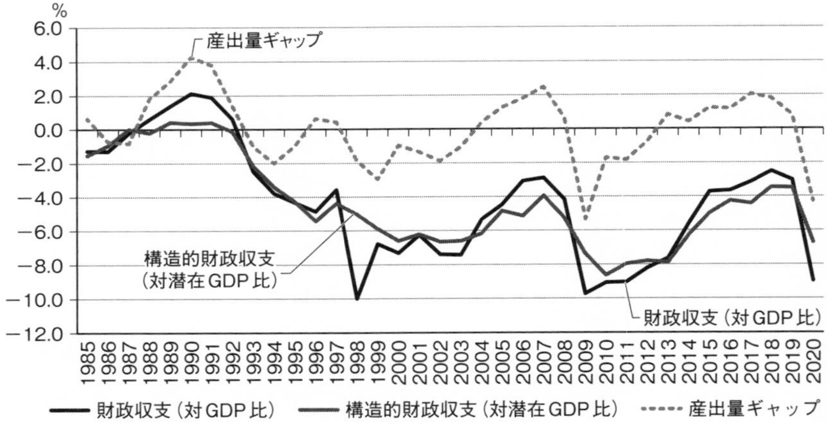

出所：OECD Economic Outlook

図 8-3　一般政府の財政収支と基礎的財政収支

出所：OECD Economic Outlook

位置して）います。

　1980 年代には，行財政改革で政府支出の伸びが抑制され，好景気の恩恵もあり，財政収支，基礎的財政収支はともに改善し続けました。1990 年頃に，株価，不動産価格が大幅に下落するバブル崩壊に見舞われ 90 年代には財政収支，基礎的財政収支が急速に悪化し，会計年度の途中で補正予算が何

度も組まれ，政府支出拡大や減税が行われました。この時期には社会保障給付も増加しました（98 年度の一般政府の財政収支・基礎的財政収支の急速な悪化は，旧国鉄清算事業団が抱えていた債務の一部 27 兆円を国の一般会計が承継したため）。

2000 年代には小泉政権による構造改革や政府支出の抑制で一時的に財政収支・基礎的財政収支が改善しましたが 2008 年リーマンショック（金融危機）で再び悪化します。

（2006 年度や 2008～2011 年度は，財政融資資金特別会計（公的金融機関）から国債整理基金特別会計（一般政府）や一般会計（一般政府）への繰入等があり，一般政府の財政赤字や基礎的財政赤字が見かけ上小さくなりました。）

2011 年の東日本大震災の後，2012 年 12 月からの第 2 次安倍政権では積極的な金融緩和策などから成るアベノミクスが実施されました。2010 年代には財政収支，基礎的財政収支とも改善しましたが，基礎的財政収支すら黒字化していません。

2．財政運営の改善に向けて

2-1　財政ルールや予算制度の重要性

日本の財政構造改革法（1997 年 11 月）は，① 2003 年度までに国および地方の財政赤字の対 GDP 比を 3％以下とする，②特例公債を年々減額し，2003 年度までに特例公債依存から脱却，③社会保障，公共投資，文教等の 9分野ごとに分野ごとの量的削減目標を設定する，という内容でした。しかしアジア経済危機と金融システム不安などで，98 年 5 月に弾力条項を加える一部改正を行いましたが，経済状況がさらに悪化したため 12 月には効力凍結されました。その問題点として，マクロ経済状況が急に悪化した場合に，どのような財政運営を行うかが示されておらず，当初予算だけを対象にしたので，補正予算の増加に歯止めが効かなかったことなどがあげられます。予想外の経済の変動は時々起こりますから，景気の変動を考慮しない財政構造

改革は長続きしません。数年間の支出の合計に上限を設け，その枠内で支出の使い道を再配分して，支出を効率化していくといったルールなどが現実的です。

　その際に各国で活用されるのが中期財政フレームです。田中（2013）によると，スウェーデンでは，マクロ経済の見通しを踏まえ歳入総額を推計し，首相と閣僚が集まって開催される予算閣議において，財務省が提案する新たな 3 年間のフレーム予算を審議し，総額の支出シーリングを確定した後，その総額の 27 歳出分野（外交，社会保障など）への配分を決めていきます。シーリングから予備費を除いた金額が，27 歳出分野の合計額の上限になるため，ある歳出分野の歳出を増やすには，他の歳出分野の歳出を減らす必要があるため，各分野間で予算が再配分され，必要性が低い予算の削減を促します。

　なお中期財政フレームにおいて，現行の政策をそのまま実施した場合の，将来にわたる歳出・歳入総額や省庁別歳出額は「ベースライン」と呼ばれますが，ベースラインを正確に予測することが重要です。オーストラリアでは，根拠のある経済データを使って歳出・歳入額などを推計し，実績と予測との乖離が起きた理由（政策の規模を変化させたためか，経済データの予測の誤りか等の要因）を明らかにし，財政目標を達成するためには，どのような変更が必要かを分析した報告書を作成，公表して財政運営の透明性を高めています。

　政府支出を抑制するためには，事前に政府支出の削減と効率化を財政ルールにしておくこと，経済が大混乱した時には一時的にそのルールを休止することを取り決めておくことなどが必要になります。田中（2013）によると，例えばニュージーランドの財政責任法は，政府のすべての財務報告を発生主義（金銭の授受を行った時ではなく，政策により債権や債務が生じた時点で認識する）による一般会計原則に基づいて作成するように義務づけており，政府が景気対策のため，責任ある財政原則とは異なる政策をとる場合には，原則と異なるすべての政策は一時的なものとし，財務大臣は原則と異なる政策をとる理由と，原則に戻るための方法とその予定時期を明らかにしないと

いけません。ここでも財政目標の設定から結果の分析まで，多くの報告書の作成を義務づけています。またカナダでは中期財政フレームを活用しつつ，プログラム・レビューという優先順位の低い事務事業を廃止，削減する仕組みが使われました。プログラム・レビューでは，プログラムを取捨選択する基準を示し，財務省と国家財政委員会事務局が各省庁に対し，歳出削減幅を指示すると，各省庁が具体的なプログラムの見直しを行います。カナダは90 年代に歳出削減を中心に改革を行い，92〜97 年の 6 年間で景気調整済経常支出の削減は対潜在 GDP 比 6％に上りました。

2-2　日本の予算制度の欠点

　国会の議決対象となっている予算は一般会計予算，特別会計予算，政府関係機関予算です。最も注目される予算は一般会計予算の当初予算で，その歳入に占める公債金収入の割合（公債依存度）や，防衛，社会保障関係費など各分野の歳出の割合などが報道されます。特別会計予算は，特定の収入と支出について区分会計するために設けられます。一般会計と特別会計との間には，資金の繰入などの資金のやり取りが多いため，一般会計予算と特別会計予算の間には重複部分が多く，その重複部分を差し引いた，一般会計と特別会計の純計を見ると，国の予算の全体像が見えるようになります。

　政府関係機関は，財政投融資という公的金融による融資などに携わる 4 機関だけで構成されています。政府関係機関は，強制的に徴収した税・社会保険料で運営されていないので，一般政府の枠外の経済活動となります。

　田中（2013）が指摘した，日本の予算制度の欠点のいくつかを簡単に紹介します。まず（他の大臣に比べた）総理大臣や財務大臣の権限が弱く，予算編成の初期段階で各省庁を縛る財政ルールが不足しています。最終的な予算規模の上限を明確にしないまま予算編成が行われ，予算編成に影響力を持つ，経済財政諮問会議，与党，財務省など多くのプレイヤーが存在しているため，結果的に，利害集団や族議員の影響を受けやすくなります。

　一般会計の当初予算に過度の注目が集まることも問題です。財務省による予算査定が比較的厳しい当初予算は緊縮予算になっていても，年度の途中で

成立する補正予算で財政支出を拡大する傾向があります。また一般会計の赤字を小さく見せるため，一般会計の歳出を特別会計に肩代わりさせるような会計上のテクニックが多用されてきました。

　例えば，①一般会計で借金をする代わりに，②特別会計にある，いわゆる埋蔵金を使って一般会計の赤字を埋めると，政府が借金するよりも良いと感じるかもしれません。しかし①では一般会計の債務が増加，②では特別会計にある資産が減少し，どちらも一般政府純債務を増加させることに変わりがありません。

　日本の中期財政フレームは，予算の見通しを示しているだけで，歳出の上限を拘束していません。経済データに関する予測に誤りがあっても，その誤差が生じた原因を事後的に検証していません。さらに後年度への影響を試算する際に，将来の構造改革を織り込んだ数字を内閣府が公表するため，現行の施策を継続した場合の歳出・歳入の予想額を示したベースラインが示されていない点も問題です。

　日本では長年，各省庁が財務省に対し，新年度予算の見積もり（概算要求）を提出する際には，前年度当初予算で認められた予算額の何％増（減）の金額を上限として予算請求できるというシーリングが設定されてきました。高度成長の時代には予算の増分については厳しく査定するという行動と省庁間の予算シェアの固定化を招いてしまいました。また当初予算で通りにくい予算は補正廻しにするという弊害も生まれました。

　図8-4では，日本と予算制度の優等生とみなされる諸国について，政府総債務の対GDP比の推移を比較してみました。縦軸は図8-1と同じです。図8-1の国々と比較すると，予算制度の優等生の各国は，2008年のリーマン危機や2020年の新型コロナのような経済ショックの後に間もなく財政収支や基礎的財政収支を改善させる努力が払われ，政府総債務の持続的上昇が起きないような制度や意思決定になっていると推測できます。

　もっとも予算制度の優等生も初めから優等生であったわけではありません。1990年代のカナダの財政再建のきっかけはメキシコ経済危機の影響でカナダドルが暴落しカナダ国債の格下げ，国債金利の急上昇を招いたことで

図 8-4　一般政府総債務の対 GDP 比（日本と予算制度の優等生の比較）

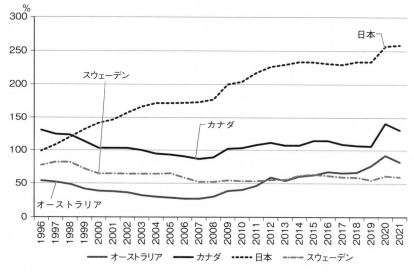

出所：OECD National Accounts at a Glance

した。やはり 1990 年代前半に多額の不良債権を生んだ金融危機を経験した
スウェーデンは，経済の弱体化による通貨クローナの切り下げ圧力に直面し
て変動相場制に移行，国債もデフォルト寸前になったため，国民に危機感が
生まれ，94 年 9 月の選挙で財政再建という選択をして社民党政権が財政構
造改革に着手しました。1990 年代から政府債務の膨張が止まらない日本も，
多くの国民に危機意識が生まれれば，日本の政治も予算制度も変わることが
できるはずです。

2-3　独立財政機関

　日本経済新聞（2022 年 3 月 21 日）によれば，2022 年 1 月 14 日の経済財
政諮問会議で内閣府の中長期財政試算に対する苦言が多く出ました。同試算
では 2026 年度に国・地方の基礎的財政収支が 0.2 兆円の黒字になるとしま
したが，試算の前提が現実離れしており，名目 3%，実質 2% という高成長

が仮定されています。しかし02年度以降，名目成長率が3%を越えたのは15年度だけで，マイナス成長だった年も6回ありました。

　解決策として，日本では近年，独立財政機関の創設が提案されています。独立財政機関は，政府や政党から独立性を持ち，中立的な観点から財政状況などを管理・評価し，必要に応じて政府に提言する公的機関で，米国の議会予算局（CBO），英国の予算責任局（OBR）などが代表例です。独立財政機関は経済開発協力機構（OECD）加盟国38か国中約35か国が持っています。

　2020年より世界的に流行した新型コロナ肺炎に対処するため，多くの国が家計と事業者に緊急の支援を行いました。OECD（2021）によると，行動制限やロックダウンにより，通常の政府の行動にも各種の制約が生じましたが，コロナ禍で独立財政機関は正確な経済予測を行い，財政ルールの番人として重要な役割を果たしました。

　具体的には，OECD諸国の35の独立財政機関のうち94%（33機関）がパンデミックの経済的，財政的な影響について迅速な分析を公表し，63%（22機関）が政府の計画において前提とされた仮定について独立な立場から検証を行い，46%（16機関）が通常の財政ルールを中止する免責条項（escape clause）の発動を監視あるいは実施しました。また独立財政機関は，本来業務として，あるいは国会からの要請により，コロナ禍の初期のうちに緊急時の立法措置に要する費用の推計を行い，立法府と行政府に提供しました。

Column	8-1　乗数理論

　財政政策を行うと，財政支出の金額以上に国民の所得が増加すると考えられています，その理論的な根拠がイギリスの経済学者ケインズの乗数理論です。

　公共事業を実施して政府が財政支出を増やすと，政府が建設会社などにお金を支払い，会社員や下請け業者の所得が増加します。所得が増加した人々は所得の増加の一部を消費の増加に用いると想定されます。例えば人々が所得の増加の6割を消費の増加に用いると仮定しましょう。

　乗数理論では，1円だけ所得が増加するごとに，消費がc円だけ増加するものとします。このcの値は限界消費性向と言われます。所得の増加の6割（0.6

倍）が消費の増加に回る場合，限界消費性向は c＝0.6 です。

　財政支出の増加で生産が増え，この時，生産に貢献した人々の所得が増加します。所得が増えた人は消費を増やします。この消費の増加は，新たな財・サービスへの需要を生むので，消費財生産者の生産と所得が増えます。話はここで終わりません。所得が増加するごとにその増加の6割だけ消費が増えますので，消費される財がもう一度生産され，生産と所得が増えていきます。この循環（財政支出増→生産（所得）増→消費増→生産（所得）増→消費増→……）は，経済が落ち着くまで続いていきます。この連鎖の中で国民の所得が増えていきます。

　限界消費性向が0.6だとすると，各段階で1つ前の段階の生産（所得）の増加の0.6倍だけ生産（所得）が増えますので，最終的には，$1+0.6+(0.6)^2+(0.6)^3+\cdots=\dfrac{1}{1-0.6}=\dfrac{1}{0.4}=2.5$ だけ国民所得が増加します（最初の1を政府が購入，残りの部分は消費者が購入）。この式の左辺の値を知りたいのですが，魔法のような方法があります。仮に

　　$A=1+0.6+(0.6)^2+(0.6)^3+\cdots$ 　　　　　　　　　　　　　　　(1)

とおき，この式の両辺を0.6倍にした

　　$0.6A=0.6+(0.6)^2+(0.6)^3+\cdots$ 　　　　　　　　　　　　　　(2)

を左辺，右辺ともそれぞれ差し引く（式(1)から式(2)を引きます）と，$A-0.6A=1$ となるため，$(1-0.6)A=1$ と変形してから両辺を $1-0.6$ で割り，$A=\dfrac{1}{1-0.6}=\dfrac{1}{0.4}=2.5$ となります。この時，政府支出を1増やすと，消費と生産が増え続け，経済の生産や消費が動かなくなるまでに，当初の財政支出の2.5倍だけ国民所得を増やすことになりますが，この2.5という値 $\left(c\text{ を限界消費性向として，}\dfrac{1}{1-c}\right)$ を政府支出乗数と言います。

　身近な経験に喩えてみると，ある乗り物を1だけ加速（財政支出を増やした時の最初の生産と所得の増加）させた時に，その乗り物が次の瞬間には0.6だけ（60%）だけ進み続ける性質を持っている場合（所得が増えるのと連動して所得増の60%だけ消費が増えていく）に，乗り物が完全に停止するまで2.5だけ動くことに対応しています。2.5のうち1は財政支出で，1.5は後になって増加した消費の部分にあたります。

　なお 1 円の減税を行った場合には，やはり限界消費性向を 0.6 とすると，1 円
だけ可処分所得（＝所得－税）が増えた消費者が，1 円（可処分所得の増加）
×0.6（限界消費性向）＝0.6 円だけ消費を増やし，その後，その 0.6 倍だけ消費
が増えるというプロセスが始まり，結局，(2) 式の右辺だけ国民所得が増えま
す。(2) 式右辺は (1) 式の右辺の 0.6 倍なので，$\dfrac{0.6}{1-0.6}=1.5$ だけ国民所得が
増加することになります。一般には c を限界消費性向として減税乗数は $\dfrac{c}{1-c}$
となります。1 円の財政支出増加は最初に 1 円の生産の増加をもたらしますが，
1 円の減税は最初に 0.6 円しか生産を増やさないので減税乗数の方が小さくなり
ます。

3．財政政策の効果（乗数効果）の低下

　財政政策が国民所得を増加させる効果が以前よりも低下したと指摘されて
います。1967 年に公表された内閣府の短期経済予測パイロットモデルでは，
名目公共投資の増加は，1 年目にその 2.17 倍，3 年目には 5.01 倍の名目
GNP（国民総生産）の増加をもたらしましたが，直近の 2018 年の短期日本
経済マクロ計量モデルでは対応する数値が 1.13 倍，1.47 倍にまで低下して
います。

　三平（2021）を参考にして，乗数低下が起きた要因について考えてみま
す。乗数理論（コラム参照）では，限界消費性向が低下すると，財政政策実
施がもたらす国民所得の増加が小さくなります。なお乗数理論のように，生
産が増えると所得が増えるのは主に勤労している現役世代でしょう。家計調
査によれば，現役世代の貯蓄率が 80 年代以降上昇（消費性向は低下）して
おり，これが乗数の低下をもたらしている可能性があります。

　乗数理論では，今年の消費は今年の可処分所得（＝所得－税）だけによっ
て決まるとされました。しかし，多くの人は将来の所得も考慮に入れつつ消
費をしますので，将来不安が消費に影響します。また合理的な消費者は，生

涯の可処分所得（所得－税）の（利子率を考慮した）合計額を考慮して，生涯の消費計画を立てると考えられます。政府が減税をしても，政府が将来，現在の減税に見合った増税をすると予想すると，結局，今の減税と将来の増税とは価値が同じなので，生涯の税負担は変わっていないため，消費者は減税により消費を増やしません。このように，合理的な消費者にとって税と国債とは（一定の政府支出の）財源調達法として等価（同じ）であるという主張をリカードの等価定理と言います。

　実際，財政赤字や政府債務の大きさが社会で意識されるようになり，日本銀行「生活意識に関するアンケート調査」によると，将来，増税や社会保障の負担の引き上げが行われるのではないかという不安から消費を控える人の割合が2000年の36.7％から2006年の49.5％へと大きく増加しています。

　財政政策の効果による将来の所得の増加を見込んで生産設備等の投資を増加させる度合い（投資性向）が低下したことも乗数低下の要因とされます。この投資性向の低下が起きた理由の1つは企業の期待成長率の低下で，内閣府の「企業行動に関するアンケート調査」によれば，企業の（業界の）期待成長率は1980年代から現在に至るまで長期的に低下傾向にあります。

　日本経済の成長期待が低く，将来の社会保障制度・財政への信頼度が低いため，安心して消費や投資を増やしにくくなっています。政府の巨額の債務が，財政政策を用いて政府が景気を安定化させる能力を引き下げたと言えそうです。

参考文献

田中秀明『日本の財政　再建の道筋と予算制度』中公新書　中央公論新社2013年
日本経済新聞　2022年3月21日『経済曇らすピンボケ政府試算』
三平剛「乗数効果の低下の要因について」フィナンシャル・レビュー　令和3年第1号（通巻144号）2021年3月 122-155
OECD "Government at a Glance 2021" 2021

第 Ⅲ 部

暮らしを取り巻く環境の変化

第 9 章

食料問題と経済

　本章では，急速に変化しつつある日本の食料経済の実態を読み解いていくことで，これらの食料問題が私たちの暮らしを支える経済から発生していることを理解し，その解決策を探っていきます。

1．食料自給率

1-1　日本の低い食料自給率

　農林水産省によると，食料自給率は国内で供給される食料に対する国内生産の割合と定義されます。自給率は，カロリー（供給熱量），金額，重量のいずれで計算するかにより異なりますが，国の総合的な食料自給率を考える場合は，カロリーあるいは金額により計算する国がほとんどです。カロリーベース（令和 3 年度）では，日本人 1 日 1 人当たり 2,265 kcal を消費するのに対して，国産の食料から供給される熱量は 860 kcal なので，自給率は 38％と計算されます。一方，生産額ベース（令和 3 年度）では，国内消費仕向け額（輸入された食料を加え，輸出された食料を除く）15.7 兆円に対して，国内生産額は 9.9 兆円なので，自給率は 63％です。

　カロリーベースと生産額ベースの間に大きな乖離があるのは，供給熱量の大きい穀物の自給率が特に低いことを意味しています。表 9-1 は OECD 加盟国の穀物自給率を表しており，日本は加盟国 38 か国中 32 番目です。総合的な食料自給率（カロリーベース）についても同様で，日本より自給率が低いのは，国土が極端に狭いイスラエル，国土が穀物生産に適さないオランダやアイスランドなど，特殊な自然条件の国々のみです。ただし，健康で文化

表 9-1　OECD 加盟国の穀物自給率（2019 年）

(％)

順位	国名	穀物自給率	順位	国名	穀物自給率
1	ラトビア	355	20	スロベニア	76
2	エストニア	269	21	ギリシャ	65
3	リトアニア	258	22	ノルウェー	64
4	フランス	187	23	メキシコ	62
5	カナダ	185	24	イタリア	61
6	スロバキア	184	25	スペイン	57
7	オーストラリア	181	26	ニュージーランド	56
8	ハンガリー	155	27	アイルランド	50
9	チェコ	155	28	チリ	49
10	スウェーデン	137	29	スイス	45
11	フィンランド	118	30	コロンビア	37
12	デンマーク	118	31	ベルギー	33
13	アメリカ	116	32	日本	28
14	ポーランド	114	33	韓国	28
15	ドイツ	101	34	ポルトガル	23
16	イギリス	97	35	コスタリカ	12
17	オーストリア	94	36	オランダ	11
18	トルコ	93	37	アイスランド	8
19	ルクセンブルク	92	38	イスラエル	5

出所：農林水産省「食料需給表」，FAO「Food Balance Sheets」を基に農林水産省試算。

　的な生活を維持するには，穀物だけではなく青果物や畜産物も必要であるため，国際的には生産額ベースの食料自給率を参照することが一般的です。図 9-1 を見ると，生産額ベースでは日本はドイツやイギリスと同等なので，生活水準の近い国と比較して日本の自給率が特に低いわけではありません。

　カロリーベースの自給率が日本で特に低いのは，主食が変化してきたことが最大の要因です。図 9-2 は食料自給率の推移を表しており，1965 年から 2000 年までの間にカロリーベースの自給率が急速に低下しています。この間，図 9-3 にある通り，日本人 1 人当たりの年間米消費量は 95.1 kg（1970 年）から 64.6 kg（2000 年）まで減少しており（対 1970 年比で 32％減），さらに現在では 50.7 kg（2020 年）まで減っています（対 1970 年比で 47％減）。反対に，米消費量の減少を賄うように小麦や肉類の消費量は増えてい

図 9-1　日本と諸外国の食料自給率

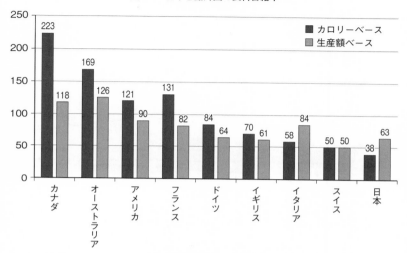

注：数値は暦年（2019 年），日本のみ令和 3 年度（2021 年度）。
出所：農林水産省「食料需給表」，FAO「Food Balance Sheets」を基に農林水産省試算。

図 9-2　日本の食料自給率推移

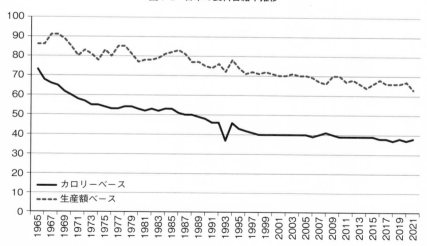

注：数値は年度，2021 年度のみ概算値。
出所：農林水産省「食料自給率の推移」

図 9-3　1 人当たりの年間米消費量の推移

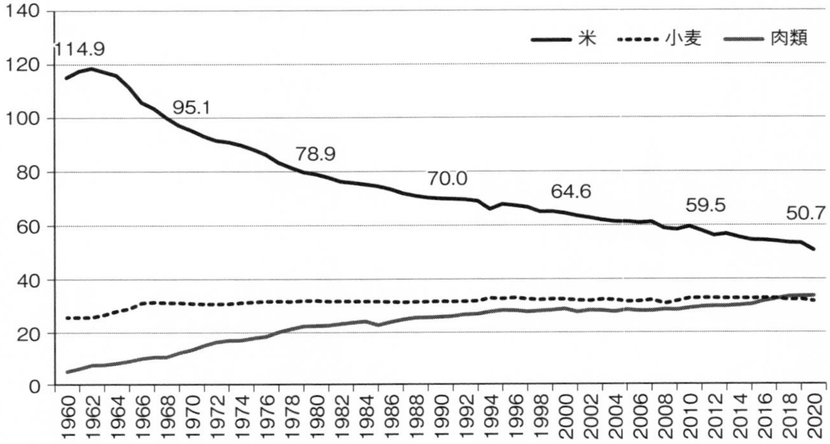

出所：農林水産省「令和 2 年度食料需給表　国民 1 人・1 年当たり供給純食料」

ますが，これらの自給率は，小麦 15％（令和 3 年度），肉類 53％（令和 3 年度，飼料自給率を反映すると 10％未満）と各品目の中でも特に低い水準にあります。しかしながら，麦類や飼料（主にトウモロコシ）の生産に必要な冷涼で広大な農地が日本では希少であることから，経済効率を考えると供給の大部分を輸入に頼らざるを得ないのが実情なのです。

1-2　国際比較に意味はあるか

　食料自給率を国際比較すると，日本の農畜産物は外国産の同品質のものと比べると割高で国際競争力がないから自給率が低いのは仕方がない，という見方もできます。確かに，一般的には経済成長に伴い賃金が上昇すると，生産性が低く国際競争力のない品目から輸入依存度が高まります。このため，広大な農地という優位性があるアメリカ，カナダ，オーストラリアといった新大陸国を除くと，先進国のほとんどは食料自給率 100％未満の食料輸入国です。しかし，国際市場の農産物が安いのは，生産性の違いだけが理由ではありません。

　日本の自給率が先進国の中でも低位にある背景には，貿易政策における欧米との根本的な違いがあります。国内産と外国産の間の価格差（内外価格差）がある場合，輸入拡大による国内の農畜産業の衰退を防ぐために輸入規制や生産者の所得補償を行いますが，EU やアメリカはこれに加え，農産物を輸出する生産者に内外価格差に相当する額を補填する制度を長らく維持してきました。経営耕地面積や賃金において EU（特に旧西側諸国）は日本と大して変わりませんが，域内の生産者すべてを対象とする共通農業政策の輸出補助金により，乳製品，畜肉，穀物などを競争的な価格で輸出していました。表 9-2 にある 1995～2000 年の農畜産物に対する平均輸出補助額を見ると，当時，国際的にも EU の支出が圧倒的に大きいことを示しています。他方，アメリカも国際市場における競争力を維持するため，農産物を担保とした融資により間接的に内外価格差の補填を行っていました。こうした輸出補助政策は，第 10 回 WTO 閣僚会議において決定されたナイロビ・パッケージにより 2020 年末までに撤廃されましたが，近年まで欧米諸国の農畜産物生産額を底上げしていました。アメリカは食料自給率 121%（2019 年カロリーベース）の食糧純輸出国ですが，これは生産性の高さだけではなく輸出

表 9-2　農畜産物に対する平均輸出補助額（1995～2000 年）

国名	支出額	シェア	国名	支出額	シェア
EU	5503.4	88.7	コロンビア	12.8	0.2
スイス	311.5	5.0	スロバキア	10.8	0.2
ノルウェー	85.7	1.4	ベネズエラ	7.8	0.2
アメリカ	83.6	1.3	イスラエル	6.6	0.1
カナダ	54.5	0.9	メキシコ	3.8	0.1
チェコ	37.1	0.6	キプロス	2.9	0.1
トルコ	28.4	0.5	オーストラリア	0.6	0.0
ポーランド	21.7	0.3	アイスランド	0.0	0.0
南アフリカ	18.6	0.3	ニュージーランド	0.0	0.0
ハンガリー	16.9	0.3	ルーマニア	0.0	0.0
			総額	6206.7	100

注：生産者への融資，輸出マーケティング，輸送費補助，輸出財に組み込まれる商品への補助等の輸出を条件とする支払いが含まれる（ウルグアイラウンド協定，農業に関する第 9 条）。
出所：Peters（2006），WTO 通報に基づく UNCTAD 試算。

戦略における政策的支援の結果なのです。

1-3　自給率を参照することの意味

　このように，食料自給率は自然条件や土地だけではなく，消費者の嗜好，国内外の政策，国際価格の変動などに左右される指標であり，農畜産業の生産性をそのまま反映しているわけではありません。では，食料自給率を参照することにどのような意味があるのでしょうか。重要なのは国際比較ではなく，食料安全保障の観点から日本が抱えるリスクを評価できることです。食料供給の大部分を輸入に依存していると，輸入相手国や物流，国際価格に不測の事態が生じた場合，食料供給が一時的に途絶えたり割高な価格で購入を強いられたりするリスクがあります。ただし，だからといって食料自給率を100％に近づければ良いということではありません。国内生産で食料を賄えたとしても生産に必要な燃料や肥料，資材を輸入に依存しているため，これらの輸入が途絶えるリスクは残るためです。食料供給を安定的に確保するには，輸入を含めたサプライチェーン全体のリスクを洗い出し，その軽重に応じて調達先を分散させる必要があります。例えば，小麦や飼料などのような国産化が現実的ではない品目については，輸入先の多角化を図ることでリスクを軽減できます。

2．食の変化

2-1　食の外部化

　近年，私たちが摂る食事のかなりの部分が家庭の外で調理されています。代表的なのは飲食店や宿泊施設，学校・社員食堂などにおける外食です。表9-3 は外食市場の規模を表しており，2000 年前後には食料・飲料支出額の37％を外食が占めており，直近では 34％程度で推移しています（2020 年は新型コロナウイルス感染拡大の影響で低下しています）。特にここ 10 年では，調理・処理済食品を家庭内で利用する中食が急速に拡大しつつあります。中食には，惣菜などの直ぐに食べられる調理済食品（ready to eat）の

表 9-3　外食・中食の市場規模の推移

（実数）   （億円）

		1975 年	1980 年	1985 年	1990 年	1995 年
家計の食料飲料支出額	(1)	223,142	313,295	382,444	423,715	467,645
外食市場規模	(2)	85,773	146,343	192,768	256,760	278,666
中食市場規模	(3)	2,016	7,132	10,955	23,409	31,434
広義の外食市場規模	(4)	87,790	153,475	203,723	280,169	310,100
全国の食料・飲料支出額	(5)＝(1)＋(2)	308,915	459,638	575,212	680,475	746,311
（割合）						（%）
外食率	(2)/(5)	27.8	31.8	33.5	37.7	37.3
食の外部化率	(4)/(5)	28.4	33.4	35.4	41.2	41.6

2000 年	2005 年	2010 年	2015 年	2020 年
448,088	427,875	440,280	485,114	517,702
269,925	243,903	234,887	254,078	182,005
49,878	55,158	56,893	66,053	70,928
319,804	299,061	291,780	320,131	252,933
718,013	671,778	675,167	739,192	699,707
（割合）				（%）
37.6	36.3	34.8	34.4	26.0
44.5	44.5	43.2	43.3	36.1

出所：公共財団法人 食の安全・安心財団。中食は料理品小売業（弁当給食除く）に相当。

ほか，ミールキットなどの1食分の食材や調味料をセットにした処理済食品（ready to cook）が含まれます。同表によると，外食と中食を合わせた食の外部化率は43%（2015 年）に上り，日本の平均的家計は食事2回のうち1回程度を外部で調理された食品に依存しています。単身世帯においては，この比率はさらに高いことが推測されます。

　こうした食の変化は，ライフスタイルや食への嗜好の変化によって引き起こされました。夫婦共働きが拡大し，未婚者や高齢者の単身世帯が増加したことで（第1章参照），家庭内で調理に充てる時間が減少し，家庭で調理す

る世帯においても炊事を簡素化するニーズが生まれました。こうした社会構造の変化のなかで，消費者の新たな食形態へのニーズが高まり，それに応えるかたちで新たな業態や市場が発生したのです。

2-2　サプライチェーンの統合

　次に，食の外部化が進んだ過程を食品産業の構造に着目して解説していきます。まず，1970年代にファストフードやファミリーレストランのような価格訴求型の外食産業が発展し，ほぼ同時期に，現在では調理食品の供給を担うコンビニエンスストアが現れました。こうした新業態を支えたのが，チェーン・オペレーション，集中的な加工・調理，スケールメリットを活かした物流効率化です。販売以外の業務を店舗から切り離し，管理やマーケティング機能を本部で一括して担うとともに，加工・調理のほとんどを集中調理施設で行い店舗に輸送することで（セントラルキッチン方式と呼ばれます），食の提供までの過程が高度に分業化されます。この要となるのが，原材料の仕入れからセントラルキッチン，店舗までを繋ぐ物流システムです。大手の食関連企業の多くは，多店舗展開のスケールメリットを活かし，分業化された工程間で商品を輸送する自前の物流網を構築することで，中間在庫を最小化し，コストの削減や商品の鮮度向上を図っています。

　1980年代には，このような大規模小売業者が主導する流通システムが確立しました。この発想は，サプライチェーン・マネジメントと呼ばれます。食品の生産過程は，農業から集荷・処理業，卸売業，加工業，外食・中食産業，小売業へと多様な産業主体によって担われており，産業内では企業間の競争構造がある一方，産業間では企業の取引を介した価値の連鎖構造があります（図9-4参照，これら主体間の相互連関はフードシステムと呼ばれます）。伝統的な食品流通において産業間の組織的連携はなく，製造業者は需要を見込んで生産し，販売業者は供給された所与の商品を再販売するだけでした。そのため，商品の質あるいは量は必ずしも実需を反映せず，在庫管理によるコスト増や欠品による機会損失が避けられません。そこで，当時，製造業で普及しつつあった，実需に基づき必要量を生産・販売するマーケッ

図 9-4　フードシステムの概念

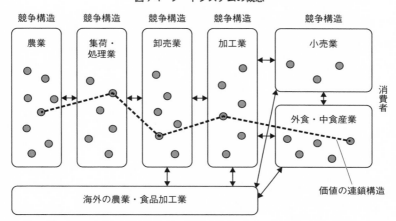

ト・イン型のサプライチェーン・マネジメントが食品流通にも導入され，外食・中食産業や小売業を起点としたサプライチェーンの垂直統合が進み始めました。これは，食品の鮮度を保つ低温流通および販売情報を即座に把握できる POS（販売時点情報管理）などの情報通信技術の普及を端緒として飛躍的に進み，消費者は多種多様な商品を場所と時間にかかわらず購入できるようになりました。

　現在は，外食・中食産業や小売業の中で大きなシェアを占める企業を中心に，流通経路の上流（流通の進行方向に対して後方）に位置する生産工程を取り込む後方統合がさらに進んでいます。例えば，2000 年後半代，統合された流通経路を活かして大手小売業者が企画から販売までを一元管理するプライベートブランドが市場で拡大します。数ある産業主体のうち小売業がサプライチェーンを主導する要因として，まず，少数の企業で競争する寡占状態の業種が多く，企業の資本規模が大きいことが挙げられます。また，これらの産業は消費者に近く，実需を反映した商品を提供することでシェアをさらに拡大できるため，後方統合のメリットが大きいのです。

2-3　嗜好の変化と新たな製品差別化

　しかしながら近年，消費者のニーズはさらに多様化しつつあり，外食業や小売業の画一的なチェーン・オペレーションを見直す動きが生じています。高度な流通システムで取り扱われる食品は，利便性や低価格といった点がメリットですが，その反面，消費者の手に渡るまでの工程が不透明で，鮮度や安全性に不安を覚える消費者もいます。また，流通の高度化に伴い輸送に使われるエネルギーが増大していることから，生産工程における環境配慮も購買行動における軸の1つになりつつあります。こうした背景から，地方や都市郊外において農産物直売所の出店が拡大しており，年間総販売金額はすでに1兆円を超えています。消費者が店舗に出向く必要はありますが，流通システムを介さないため，生産者の手取りは高く，消費者は鮮度の高い地場農産物を低価格で買い求めることができます。このように，地域で生産された食品をその地域で消費する考え方を地産地消といいます。消費者による食品安全性や環境への関心が高まるなか，外食・中食産業や小売業においても，「安心・安全」「地産地消」「環境配慮」といった新たな差別化戦略が拡大し，食材・原料の産地表示や生産者名の開示などを介して付加価値の向上がめざされています。

3．食料生産と環境問題

3-1　環境負荷はコストである

　ところで，私たちが日々購入する食品の価格は，その製造や流通に要するコストを正しく反映しているのでしょうか。もちろん，各産業主体はその経営内部で発生するコスト（原材料費，人件費，減価償却費など）を価格に転嫁しますが，取引とは関係のない経営外部の主体にコストが発生する場合があります。例えば，畜産で発生した家畜排泄物，流通を担うトラックの排気ガス，商品パッケージに使われたプラスチックごみ。こうした副産物は環境に対する負荷であり，蓄積されていくと将来的には経済活動が持続不可能になります。その意味で，経済活動による環境負荷は，私たちよりも若い世代

に課せられたコストともいえます。このように，財の生産や消費が他の経済主体に与える便益やコストを外部性（特に外部に発生するコストのことを外部不経済あるいは負の外部性）といいます。ここでは，食品の生産，流通，消費の過程で発生する外部不経済としての環境問題とその解決方法について紹介します。

3-2　水の消費

　日本国内で消費される食料の大部分が輸入に依存していることは前述の通りですが，食料貿易はさまざまな環境負荷の上に成り立っています。まず，作物の栽培や家畜の生育には多量の水が必要であるため，日本は食料輸入を介して外国の水資源を消費していると考えることができます。輸入される食料を国内で生産した場合に使用されたであろう水資源量をバーチャル・ウォーターといいます（現在は，輸出国において現実に投入された水資源量を表すウォーター・フットプリントを参照することもあります（コラム参照））。バーチャル・ウォーターは，1990 年代にロンドン大学の地理学者アンソニー・アランが提唱した考え方で，水資源の少ない国が食料輸入により水を節約していることを説明する概念でしたが，転じて，貿易による水資源の使用を示す指標として解釈されています。日本の仮想水総輸入量は年間 640 億 m^3（2000 年推計値，沖（2008）参照）であり，そのうち農産物および畜産物の輸入によるものがそれぞれ 404 億 m^3 と 223 億 m^3 です。日本国内における農業用水使用量は年間 590 億 m^3 ですので，もし食料を完全に自給するなら，現在の倍以上の水資源が国内で消費されることになります。言い換えるなら，日本に食料を輸出するために諸外国において相当量の水資源が使用されているということです。図 9-5 は農畜産物の生産 1 kg に必要なバーチャル・ウォーターの試算値を示しています。農産物でもっとも消費量の大きい米はほぼ自給していますが，膨大な水を必要とする畜産物の供給を輸入に依存していることが問題視されています。畜産物の仮想水量は，主として投与される飼料の生産に必要な水資源量から試算されるため，飼料の供給を輸入に依存する日本では特に大きいのです。1995 年，当時の世界銀行

図 9-5　主要農畜産物のバーチャル・ウォーター

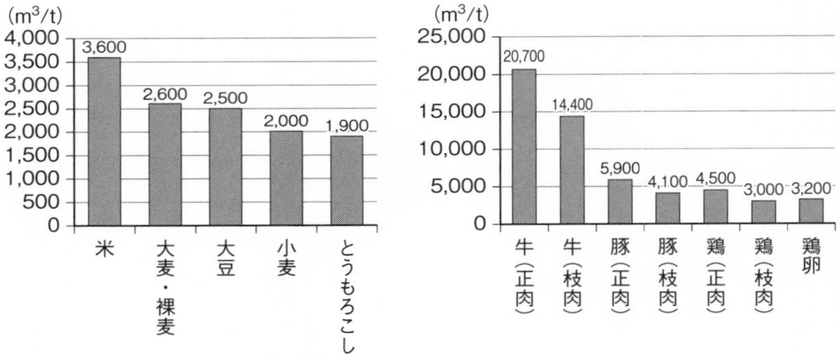

出所：東京大学生産技術研究所の沖大幹教授等グループによる試算結果
　　　http://hydro.iis.u-tokyo.ac.jp/Info/Press200207/

　副総裁イスマル・セラゲルディンが「21 世紀は水をめぐる争いの世紀とな
るだろう」と述べた通り，世界人口の増加により食糧需要が拡大する一方，
気候変動による渇水等の水問題が世界各地で深刻化しています。しかしなが
ら，日本は，比較的豊かな水資源を擁する国であるにもかかわらず，輸入農
産物の方が安価であるという理由で世界の水資源を消費し続けています。

3-3　エネルギーの消費

　また，食料輸入は輸送の過程において膨大なエネルギーを消費します。食
料自給率の低下が示唆する通り食料生産の現場から食卓までの距離が拡大し
たことで，長距離輸送による CO_2 排出量の増大が懸念されています。2000
年頃から次第にこうした環境負荷への意識が高まるなか，英国の市民団体を
中心に Food Miles 運動（消費する食料の量に食卓から生産地までの距離を
掛け合わせた指標を参考に，なるべく地域内で生産された食料を選択するこ
と等を通じて環境負荷を低減させていく市民運動）が起こり，これに依拠し
て，日本でもフード・マイレージという考え方が提唱されました。Food
Miles が食品ラベルや認証等（例えば，大手スーパー等が航空輸送による輸
入食品に飛行機マークを表示）の個々の製品を対象とするのに対し，フー

ド・マイレージは一国の輸入食料すべてを対象として，相手国別の輸入量
（t）に当該国までの輸送距離（km）を乗じて国別の数値を累積した指標で
す。すなわち，物量と距離を掛け合わせて１つの指標とすることで，輸送に
要した負荷の大きさを定量的に評価することがこの指標の目的です。中田
（2003）によると，2001年における日本の食料輸入総量は約5,800万tで，
これに輸送距離を乗じて累積したフード・マイレージの総量は約9,000億
t・kmと試算されます。これは，当時の国内年間貨物輸送量の1.6倍に相
当します。表9-4は日本と主要国のフード・マイレージを国際比較したもの
ですが，輸送負荷の総量では日本が突出していることがわかります。実は，
日本の１人当たりの食料輸入量は食料自給率（生産額ベース）でほぼ同水準
にある英国やドイツよりも少ないのですが，平均輸送距離が欧州諸国より遥
かに長いため，負荷総量は最も大きくなっています。この背景には，日本の
気候風土に合わない食料供給構造があります。日本のフード・マイレージの
品目別内訳を見ると，穀物（51％）および油糧種子（21％）だけで７割以上
を占めることから，日本の国土が小麦や飼料，食用油等を生産するための適
地に乏しく，こうした食品をアメリカ，カナダ，オーストラリア等の遠隔地
から輸入していることを反映しています。

表9-4　日本と主要国のフード・マイレージの概要

	単位	日本	韓国	アメリカ	イギリス	フランス	ドイツ
食料輸入量	千t	58,469 (1.00)	24,847 (0.42)	45,979 (0.79)	42,734 (0.73)	29,004 (0.50)	45,289 (0.77)
同上 (人口１人当たり)	kg/人	461 (1.00)	520 (1.13)	163 (0.35)	726 (1.57)	483 (1.05)	551 (1.20)
平均輸送距離	km	15,396 (1.00)	12,765 (0.83)	6,434 (0.42)	4,399 (0.29)	3,600 (0.23)	3,792 (0.25)
フード・マイレージ	百万t・km	900,208 (1.00)	317,169 (0.35)	295,821 (0.33)	187,986 (0.21)	104,407 (0.12)	171,751 (0.19)
同上 (人口１人当たり)	t・km/人	7,093 (1.00)	6,637 (0.94)	1,051 (0.15)	3,195 (0.45)	1,738 (0.25)	2,090 (0.29)

注：括弧内の数値は日本（＝1.00）に対する比を表す。
出所：中田（2003）

3-4　温室効果ガスの排出

　意外に思われるかもしれませんが，農業や畜産も温室効果ガス（GHG）を排出する産業です。2020年度における日本のGHG総排出量11.5億t（CO_2換算）のうち，農林水産業由来のものは約5,000万t（総排出量の4.3%）に上ります。図9-6はGHG種類別の内訳を示しています。農林水産業の特徴として，農業機械や施設等の燃料燃焼から発生するCO_2が全体の3分の1を占める一方，CH_4（メタン，温室効果はCO_2の25倍）やNO_2（二酸化窒素，温室効果はCO_2の298倍）が多いことが挙げられます。特にCH_4の割合が高く，これは水田の土壌中の微生物や家畜の消化管内発酵（所謂，げっぷ）から発生するものです。ただし，森林や農地にはCO_2を吸収する効果があるので，潜在的なGHG削減対策の1つとして期待もされています。2020年度における森林によるCO_2吸収量は4,050万t，農地・牧草地の吸収量は270万tであり，農林水産業の排出量を相殺するには及びませんが，今後の利活用により重要な吸収源となることが見込まれます。例えば，地球温暖化を緩和するために政府が取り組む革新的環境イノベーション政策（2020年1月策定）の1つに，高層建築物の木造化やバイオマス素材

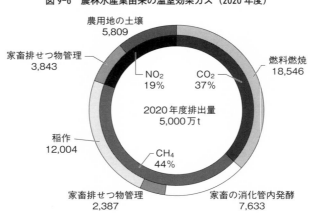

図9-6　農林水産業由来の温室効果ガス（2020年度）

農用地の土壌
5,809

家畜排せつ物管理
3,843

NO_2
19%

CO_2
37%

燃料燃焼
18,546

2020年度排出量
5,000万t

稲作
12,004

CH_4
44%

家畜排せつ物管理
2,387

家畜の消化管内発酵
7,633

出所：国立環境研究所「温室効果ガスインベントリ」

の低コスト製造技術の開発が挙げられています。

　近年は，個々の産業主体で区切るのではなく，原材料調達から生産，流通，使用，廃棄に至る商品のライフサイクル全体から発生する GHG を CO_2 換算量として評価する仕組みが普及しつつあります。これはカーボン・フットプリントと呼ばれ，製品やサービスの環境負荷をわかりやすく消費者に伝える手法として利用されています。食品は，日々消費するものであり，利便性の高い商品を選ばざるを得ない状況もあるため，GHG 削減が困難な消費分野のひとつです。そうしたなか，GHG 排出量を手軽に把握し，より環境負荷の少ない手段を選択することを支援する仕組みとして，さらなる普及が期待されます。また，消費者の間で環境への配慮が付加価値として認知されるなか，事業者にとっても環境負荷を定量化することで GHG 削減のポイントを把握し，環境意識の高い消費者への訴求力向上が望めます。

Column	9-1　ウォーター・フットプリント

　現在では，バーチャル・ウォーターに代わり，貿易による水資源への負荷を図る指標として，輸出国において現実に投入された水資源量を表すウォーター・フットプリントが一般的に使われています。この指標は，国・地域別に作物栽培に投入される天水，貯水池や河川（灌漑用水），非循環地下水などの取水源を特定できる全球統合水資源モデルに基づいて試算されており，非循環地下水といった持続不可能な水源にどれだけ依存しているかを判別できます。犬塚等（2008）によると，穀物・畜産物の輸入によるウォーター・フットプリントは年間 427 億 m^3（2000 年試算値）であり，そのうち 288 億 m^3 がアメリカからのものです。水源別では，総量の約 17%程度が灌漑用水，約 6.8%が非循環地下水起源であることが示されました。すなわち，5%以上が完全に持続不可能な水資源に依存していることになります。

参考文献

Ralf Peters（2006）Roadbook to Reform：The Persistence of Agricultural Export Subsidies, UNCTAD Policy Issues in International Trade and Commodities Study Series No.32.

犬塚俊之，新田友子，花崎直太，鼎信次郎，沖大幹（2008）「水の供給源に着目した日本における仮想的な水輸入の内訳」，『水工学論文集』，52，367-372。

中田哲也（2003）「食料の総輸入量・距離（フード・マイレージ）とその環境に及ぼす負荷に関す

る考察」,『農林水産政策研究』,（5），45-59。
沖大幹（2008)「バーチャルウォーター貿易」,『水利科学』, 52(5), No.304, 61-82。

第 10 章

イノベーションが変える経済と社会

わたしたちの社会は，産業の活動という面でも，人々の暮らしという面でも，これまでに築かれてきたさまざまな知識や科学技術の蓄積の上に成り立っています。それらを利用して供給されるさまざまな製品やサービスのおかげで，多くの人々が豊かな消費生活を享受しています。新しい科学技術の成果は，企業や大学，政府による研究開発活動から生み出されます。

一方，近年のIT（情報技術）やICT（情報通信技術）の急速な発展とその活用は社会を大きく変革しつつありますが，これらもやはり官民におけるIT分野での研究開発活動とIT投資によって実現されるものです。

少子高齢化が進む中で経済の長期停滞からの脱却が求められる今日の日本では，ITをはじめとした各種の新技術の実用化とともに，それらを活かした新しい社会の仕組みの構築が重要な課題となっています。この章では，シュンペーターが唱えた経済と社会における「イノベーション」という考え方と，企業における技術革新への取り組みやそれを支援する制度について説明するとともに，今日の日本が直面する課題との関連について考えます。

1．戦後日本の経済成長と消費社会の変化

1-1　高度経済成長から中成長へ

1955年に日本経済の生産活動は第2次大戦前の水準を超え，戦後復興期から新たな成長の時代へと入りました。この頃から1970年初頭にかけては高度経済成長期と呼ばれ，平均で年率10%程度の経済成長率を実現しています。厚生労働省「毎月勤労統計調査」によれば，1955年頃には1万8千

円程度だった日本の標準的な労働者の賃金（サービス業を除く月間現金給与
総額，事業所規模 30 人以上）もこれに伴って 1970 年には 7 万 5 千円近くま
で上昇しました。人々の所得水準が上昇して中堅所得層が拡大するととも
に，日本経済には生活必需品だけでなく各種の耐久消費財への旺盛な需要が
生まれました。そして，それらを供給する製造業の生産が拡大するとともに
成果が労働者に配分されることでさらに所得が増え，需要拡大に支えられた
成長が実現されました。

　その後，安価な原油と円安の固定為替相場制に支えられた時代の終わりと
ともに高度経済成長が終わりを迎えると，合理化や省エネのための投資に力
が注がれ，機械工業，電気機械，自動車などの産業が成長しました。この
1970～80 年代という時代は，高度成長期との対比で中成長期あるいは安定
成長期と呼ばれています。

1-2　成長に伴う消費の変化と「情報」がカギになる社会の到来

　経済成長とともに人々の暮らしは大きく変わりました。そこには，所得水
準の上昇でそれまで手が届かなかった品目への需要が高まったという変化と
ともに，成長に伴ってさまざまな新製品や新産業が出現し，それとともに生
活が変化したという面もあります。上記の各時代を代表する耐久消費財の変
化を見ると，高度経済成長が始まった 1950 年代後半頃の電気冷蔵庫，電気
洗濯機，白黒テレビといういわゆる「三種の神器」や，高度成長の真っただ
中，東京オリンピック（1964 年）が開かれた頃のカラーテレビ（Color tele-
vision），クーラー（Cooler），自動車（Car）といういわゆる「3C」の普及
などが，各時代の生活の向上を象徴しています。さらに，1970 年代後半か
ら 1980 年代になると，高性能な各種家電製品や燃費に優れた自動車の普及
など，新しい技術が人々のライフスタイルを変え，消費を主導し，成長をも
たらした様子がうかがえます。

　そして，1990 年代のコンピューターの普及を経て 2000 年代に入ると，日
本にも IT の時代が到来しました。2000 年に「IT 基本法」（現在の「デジタ
ル社会形成基本法」に相当）が制定され，IT の普及とそれに対応した規制

表10-1　第1次〜第4次産業革命の時期と特徴

第1次	18世紀末以降	水力や蒸気機関による工場の機械化
第2次	20世紀初頭	分業に基づく電力を用いた大量生産
第3次	1970年代初頭から	電子工学や情報技術を用いた一層のオートメーション化
第4次	近年	情報通信ネットワークの発達やIoT，AI，ビッグデータ，ロボットの発展等

出所：内閣府『平成30年版　経済財政白書』p.218および同ページ注2より作成。

緩和で進行した社会のデジタル化は，通信に関するインフラの上でやり取りされる「情報」がカギとなるさまざまな新しいタイプのビジネスを生み出し，社会を変化させ始めています。これについて政府は，例えば平成30年版の『経済財政白書』でITを活用した経営，働き方，暮らし方などの改革を取り上げ，近年の情報通信ネットワークの発達，AI（人工知能），IoT（生活に関わるあらゆる「モノ」がインターネットにつながる技術），ビッグデータ（さまざまな種類・形式からなる大量で複雑なデータの集まりとそれを扱う技術）などに関する急速な技術革新を「第4次産業革命」（表10-1）と呼んで，これらをあらゆる産業や社会生活に取り入れることによってさまざまな社会的課題を解決する「Society5.0」の実現の意義を強調しています。

2．イノベーションとは何か

　本章のタイトルにある「イノベーション」とは，新しい技術が生み出され，活用されることによって経済活動や社会が変革される現象を指します。以下ではまず，この概念について説明します。

2-1　イノベーションとは何か：シュンペーターの定義
　一般にイノベーションという言葉からは，画期的な新製品や新生産方法の開発などを思い浮かべることが多いですが，この言葉の本来の意味はそれらに限定されません。この概念の提唱者であるオーストリア出身の経済学者

シュンペーター（J.A. Schumpeter）は，「新結合」，「発明の事業化」，「創造的破壊」などの用語をもとにこれを論じています。このうち「新結合」とは，各種の生産要素を従来と違った新しいやり方で結合して新しい製品や生産方法を作り出すことを意味し，ここには新しい事業組織，生産組織，産業組織の構築も含まれます。そして彼は，新結合の下で新しい方法で事業を進める，「発明の初めての事業化」がなされることをイノベーションと定義しています。そして，この新結合の過程で絶えず古いものを破壊し，新しいものを創造し，経済構造を内部から革命する産業上の突然変異が発生し，「創造的破壊」が生まれるとしています。すなわち，彼が言うところのイノベーションとは新結合とその事業化によって生じる創造的破壊の過程であり，資源の調達や販売方法の変革のための取り組みや発明・発見の成果の事業化のための取り組みなど，組織や社会の革新も包含する概念なのです。

　また，技術とそれを利用する社会や経済との間の相互に影響しあう関係に注目すると，イノベーションには技術が先導する側面と需要が誘発する側面があります。前者は，新しい知識の獲得がそれを利用するためのいっそうの技術革新を誘発するという「技術推進型」の考え方で，これによれば，科学的な基盤が豊富な産業や技術革新競争が世界的に活発な産業に属する企業ほど，革新への取り組みが活発であると考えられます。典型的な例として，まず基礎的な研究によって新たな化学物質や既存の物質の新たな有効性が見いだされ，それを用いた事業化が収益を生むという，医薬品工業などがあります。後者は，市場の成長，製品更新時期の到来，消費者の嗜好（しこう）や顧客のニーズの変化など，社会や経済からの必要があるときそれらを充足するような技術革新が生まれるという，「需要牽引（けんいん）型」の考え方です。こちらは，市場のニーズが研究開発の規模や方向性を決めるという性質が強い産業に当てはまります。さらに，科学的基盤の活用と顧客の要望に合わせた製品づくりのための研究開発が同時に求められるという，2つの側面が相互に影響しあいながら革新が進む場合（「連鎖モデル」）もあります。

2-2　社会とイノベーションの相互関係
IT によるイノベーションがもたらす社会の変化

　ここではまず，上述のような技術と社会や経済との間の関係について，IT 分野を例に，新技術の実用化が社会の変化を促すという側面を考えてみます。

　平成 30 年版『経済財政白書』は，「第 4 次産業革命の新たな技術革新は，人間の能力を飛躍的に拡張する技術（頭脳としての AI，筋肉としてのロボット，神経としての IoT 等）であり，豊富なリアルデータを活用して，従来の大量生産・大量消費型のモノ・サービスの提供ではない，個別化された製品やサービスの提供により，個々のニーズに応え，様々な社会課題を解決し，大きな付加価値を生み出していく（p.218）」と論じました。例えば，嗜好や所得などの点で同質的な消費者と画一的な商品やサービスを安価で大量に提供する企業という高度成長期に成功をもたらした関係とは異なる，多様な消費者の個々のニーズに合ったオーダーメードの商品やサービスを提案する市場の構築などがこれにあたります。

　この実現に際しては，半導体技術の急速な進歩が生み出した，情報を処理・蓄積するコンピューター技術および情報を交換・伝送する通信技術の発展が中心的な役割を果たしています。これらの技術は移動体通信事業者や無線ネットワークなどの通信インフラを形成し，そこに構築されたインターネットを活用して企業と消費者の関係（Business to Consumer, B2C）や企業どうしの関係（Business to Business, B2B）を変えようとするさまざまなアイディアが試され，情報通信分野における規制緩和と競争促進政策の推進も寄与して，新しい産業や市場が開拓されるという，イノベーションが進行しています。例えば金融の分野では，IT における革新が生み出す新たな可能性の利用法として，e-コマース（電子商取引）と結びついたオンライン決済サービスの進化や，分散型台帳技術であるブロックチェーンを用いた暗号通貨の取引など，フィンテック（FinTech）と呼ばれる各種の新しい金融サービスが急成長しています。また，コンピューター・サイエンス分野の革新がもたらした AI やロボットに関する新技術は，交通機関の自動運転や自

律性のあるドローンなどのシステムを可能にし，交通や物流などのインフラ
分野における人手不足を解決する技術としても注目されています。これらを
はじめとした各種の新技術は第 4 次産業革命を生み出し，歴史上の産業革命
と同様，人々の暮らしを劇的に変化させると予想されます。

環境問題への対応を迫られて生じたイノベーション

　次に，社会が課題に直面したとき解決のための技術が求められ，イノベー
ションが生じるという側面について，環境問題の例を紹介します。

　今日，温室効果ガスの排出がもたらす地球温暖化の進行に伴う地球規模で
の気候変動というグローバルな環境問題の解決が急務となり，各国，各企業
とも対応を迫られています。また，日本の経済成長の歴史においても，経済
的な豊かさの獲得と引き換えにさまざまな健康被害や環境の破壊が急速に社
会問題化し，公害問題への取り組みの重要性を人々は認識しました。1967
年に「公害対策基本法」が制定され，環境汚染物質の排出や騒音などに厳し
い規制が課されるようになると，企業はそれらへの対応を求められました。

　この環境問題への企業の対応については，以下のような可能性がありま
す。まず，企業にとっては，生産性の上昇や利潤の発生など，自身に便益
（「役に立つ」という意味）が生じることが投資を行う前提となります。一
方，環境汚染など企業の活動が社会に負わせる負担（「社会的費用」と言い
ます）が現状の価格体系に反映されない場合，企業はこの社会的費用を考慮
せずに意思決定を行います。このとき政府によって環境規制が課されると，
企業はそれに適合するように自身の活動を変更する必要に迫られます。その
際，事業の縮小の代わりに規制に適合するための新しい技術への投資を行う
ことで利潤機会を確保するという対応策もあり，結果として環境問題の解決
という社会のニーズが技術革新を生み出すことになります。この考え方は
「ポーター仮説」と呼ばれています（Column 10-1 を参照）。

　近年では，地球環境問題への取り組みとして，温暖化ガスの削減や太陽光
発電，風力発電，燃料電池などの化石燃料代替エネルギーの開発など，エネ
ルギー・環境分野におけるイノベーションのための活動が世界中で推進され
ています。その結果，再生エネルギー産業の急成長や自動車業界における異

業種からの参入や提携など，世界の産業は大きく変わりつつあります。また，社会の持続可能性を重視し地球環境と健康を意識した生活様式であるLOHAS に象徴されるような，人々の意識や習慣の変革も生じています。これらは，規制の存在や消費者や株主などからの圧力がそれに対応するための技術革新を企業に求め，社会の変化を促している例と言えます。

Column　10-1　「ポーター仮説」という考え方

　アメリカの経済・経営学者であるポーター（M. Porter）は，適切に設計された環境規制が環境や社会全般への便益だけでなく，技術革新の刺激を通じて規制の対象となる産業にも便益を発生させる可能性を指摘しました。それによれば，環境規制は企業に対して操業費用への影響を意識させ，その結果規制への適合のための技術の開発を促進する可能性が生じます。加えて，よりクリーンな空気や水，健康の改善など，環境技術の想定外の効果（「正の外部性」と言います）のおかげで投入要素の生産性が上昇するならば，環境規制は生産性と競争力を向上させるかもしれません。このように，環境規制によって環境問題の解決からの便益が新たに生じると予想される場合，規制が環境問題に対処する活動に積極的に資金を投入しようという意思決定を誘発する可能性があります。

３．日本企業の技術的活動の現状と政府の対応

　これまで見たように，イノベーションを目指す企業の取り組みは，所得水準のいっそうの向上や新しい財・サービスの提案を通じて人々の暮らしに大きな影響を及ぼします。例えば 1970 年代前半の日本企業は，ドルショック後の急激な円高と石油ショックを合理化と省エネを目指す技術革新で克服し，1980 年代には半導体，工作機械，電気製品などのハイテク分野や自動車の分野で存在感を高めました。円高・原油高の下でも競争力を維持できるこれらの高付加価値産業への産業構造の転換は，人々の雇用と生活を支える力にもなりました。一方，企業は利益を上げる必要があるので，これらの取り組みには市場やマクロ経済の動向に影響される面もあります。以下では，

日本の技術革新に関する活動の推移と今日の状況について考えます。

3-1　日本の研究開発活動および IT 投資の現状
近年の科学技術への資源投入と国際的優位性

　新しい知識の発見や新技術の開発によって市場を開拓し，生産性の向上を図り，利益を得るための投入の大きさは，企業などで実施される研究開発活動への支出額や雇用される研究者数によって測ることができます。また，その成果は公表される論文数や特許（次項で説明します）の出願件数などで測ることができます。これらの活動やその成果の活用はイノベーションを実現するために不可欠な要素です。例えば，ある分野の革新への資金や人材の投入からは，革新を成功させた企業の成長だけでなく社会の各所における革新の成果の活用を通じた社会や暮らしの変化も期待できます。そこでまず，近年の日本の研究開発活動とその成果に関する指標を見てみます。

　日本における研究開発活動に関する代表的な調査の 1 つである総務省統計局「科学技術研究調査」によれば，2020 年度の日本の科学技術研究費（研究費）は総額 19 兆 2,365 億円，対 GDP 比率は 3.6％となっています。図 10-1 に示した 1980 年代以降の推移からは，長期的に総額は増大しつつも，1990 年代初頭のバブル崩壊，1990 年代末のアジア通貨危機および日本の金融システム危機，2008 年のリーマンショックなどの後には停滞し，近年では総額，対 GDP 比率とも以前ほどの伸びがみられないことが読み取れます。

　一方，この総額を企業，研究機関，大学など研究を実施した主体別に見ると，日本の場合最も多いのは企業で，全体の約 7 割を占めています。また，総額をその性格に応じて基礎研究，応用研究，開発研究に分類すると，特別な応用や用途を考慮しない理論的または実験的研究である基礎研究の割合が企業では約 7％（大学・研究機関では 40％）と低くなっています（表 10-2(1)）。

　結果として，表 10-3(1) に示した国際比較によれば，近年の日本の研究費の総額はアメリカだけでなく中国も下回る水準となっています。対 GDP 比

図 10-1　研究費総額と対 GDP 比率の推移

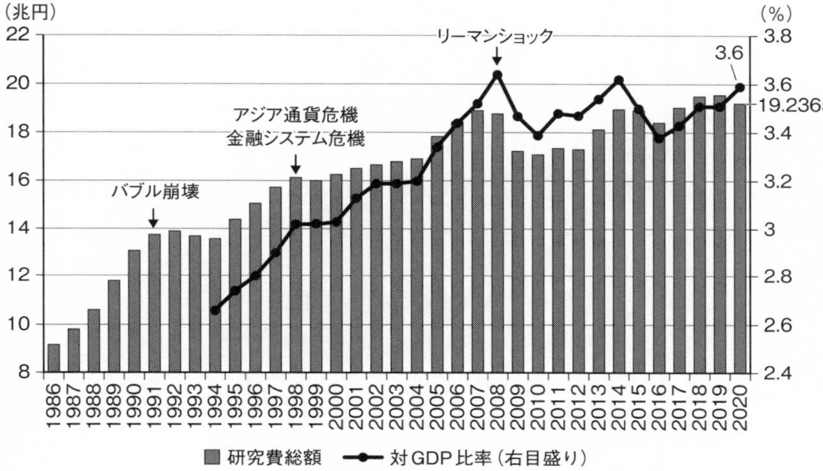

出所：総務省「科学技術研究調査」および国民経済計算のデータに基づいて作成。

表 10-2　研究費支出の内訳

(1) 研究主体別および性格別内訳（億円，2020 年）

		総額	総額(自然科学分野)	基礎研究	応用研究	開発研究
主体計		192365 (100%)	177309 (100%)	26011 (14.7%)	36222 (20.4%)	115076 (64.9%)
	企業	138608 (72.1%)	138165 (100%)	10192 (7.4%)	22027 (15.9%)	105946 (76.7%)
	その他	53757 (27.9%)	39144 (100%)	15819 (40.4%)	14195 (36.3%)	9130 (23.3%)

研究主体別内訳のうち「その他」は非営利団体・公的機関・大学等の計。
性格別研究費の定義は「科学技術研究調査」各年版の「用語の解説」を参照。

(2) 特定目的別研究費（億円，2020 年）

ライフサイエンス	情報通信	環境	物質・材料	ナノテクノロジー	エネルギー	宇宙開発	海洋開発
30740 (16.0%)	25375 (13.2%)	10525 (5.5%)	10026 (5.2%)	1865 (1.0%)	9955 (5.2%)	2643 (1.4%)	1187 (0.6%)

数字は資本金 1 億円以上の企業等，非営利団体・公的機関・大学等の計。（　）内は自然科学分野全体に占める割合。
　出所：総務省「科学技術研究調査」のデータにより作成。

率や人口あたりの水準では両国を上回りますが，近年急速に研究開発活動を活発化させている韓国を下回っています。研究開発に従事する研究者の人口に対する比率も，表 10-3(1) の時点では韓国に次いで 2 位ですがやはりその伸びは鈍く，2020 年の労働力人口 1 万人当たりの研究者数は 98.8 人となり，これは韓国（160.4 人），フランス（109.4 人），ドイツ（103.8 人）を下回ります（文部科学省科学技術・学術政策研究所「科学技術指標 2022」図表 2-1-5 による）。一方，これらの投入の成果としての自然科学分野での

表 10-3　科学技術に関する国際比較

(1) 主要投入指標（G7，中国，韓国およびロシア）

	研究費 （億ドル）	対 GDP 比率 （％）	研究者数 （万人）	人口 100 万人 当たりの研究 者数(人)	研究者 1 人 当たり研究費 （ドル）
米国	5432 ①	2.79	137.1 ②	4236.7	376473 ①
中国	4960 ②	2.15	174.0 ①	1252.0	284974 ③
日本	1768 ③	3.27 ②	67.8 ③	5371.2 ②	260660 ④
ドイツ	1320	3.04	42.0	5076.6	314583 ②
韓国	910	4.55 ①	38.3	7446.6 ①	237483
フランス	647	2.19	28.9	4303.1	224105
イギリス	493	1.66	29.0	4386.3	170348
ロシア	419	1.11	41.1	2796.3	101964
イタリア	335	1.35	13.6	2249.9	246270
カナダ	277	1.55	15.5	4296.0	177832

丸数字は日本よりも上位の国と日本の順位を示す。
　出所：総務省「令和元年　科学技術研究調査」の「結果の要約」のデータを用いて作成。

(2) 日本の年平均論文生産数と順位の推移（自然科学分野）

	論文数（シェア）	順位
1998-2000 年	64752(8.9%)	2 位(1 位：アメリカ)
2008-2010 年	64783(6.0%)	3 位(1 位：アメリカ，2 位：中国)
2018-2020 年	67688(3.9%)	5 位(1 位：中国，2 位：アメリカ，3 位：ドイツ，4 位：インド)

論文数は各期間の年平均で，共著論文に関する按分済み。シェアは全世界の論文数に占める割合。
　出所：科学技術・学術政策研究所「科学技術指標 2022」図表 4-1-6(B)のデータに基づいて作成。

日本の研究者の論文数を見ると，最近20年間の年間平均論文数の伸びは低調で，20年前にはアメリカに次ぐ多さだったものが，現在では中国，アメリカ，ドイツ，インドよりも少なくなっています（表10-3(2)）。

近年のIT分野における設備投資と研究開発活動

　次に，同様に社会の変革にとって重要なIT分野への投資を見てみます。令和4年版の『情報通信白書』によれば，情報化投資を情報通信資本財（電子計算機・同付属装置，電気通信機器，ソフトウェア）に対する投資として定義すると，日本の民間企業による情報化投資は2020年には過去最高額の15兆円に達しています。また，民間企業設備投資に占める情報化投資比率は17.8％で，長期的に見て設備投資の中での位置づけは年々高まる傾向にあります。一方，図10-2で現在に至るまでの投資額そのものの推移を見ると，バブル崩壊後に一時減少した投資額は1990年代半ばには上昇傾向を取り戻して1997年に10兆円を超えたものの，1998年頃や2009年頃には数年

図10-2　情報化投資と情報通信分野研究費の推移

出所：情報化投資額および比率は総務省「ICTの経済分析に関する調査（令和2年度）」のデータによる（2019，20年は総務省『令和4年版　情報通信白書』による）。
　　　研究費は総務省「科学技術研究調査」のデータによる。なお，同調査では2000年以前については「情報処理」目的の研究費として集計されており，データは接続しない。

間にわたる落ち込みも生じています。その他，科学技術研究調査の定義による「特定目的別研究費」については，「情報通信」分野への研究費支出は2.5 兆円で研究費全体の 13.2% を占めていますが（表 10-2(2)），金額自体は 2008～15 年度にかけて減少あるいは横ばいの傾向がみられます。

　一方，これとは別の IT 投資の尺度として IT・情報サービス業や通信業などが該当する国際標準産業分類の「情報・通信業」における設備投資額に注目して，主要国におけるその推移を図 10-3 に示しました。これを見ると，日本の年間投資額の成長は 1990 年代前半に低調となり，その後回復したものの 2000 年代はじめから再び停滞が続いた結果，1995 年からの約 20 年間投資額は伸び悩んでいます（実質値でも 2000 年頃の水準にとどまっています）。これと対照的に，同じ産業分類における年間投資額はアメリカやフラ

図 10-3　各国の情報通信業の投資額の推移

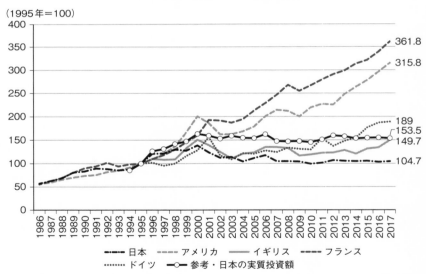

国際標準産業分類における情報・通信業（出版（ソフトウェアを含む），放送，音楽・映像制作，通信，IT およびその他情報サービス業）の粗固定資本形成額。自国通貨表示による名目値（日本の実質値は 2015 年価格）を 1995 年＝100 として指数化した。
　出所：OECD.Stat データベースより作成。

ンスで3倍以上，ドイツで2倍近く，イギリスでも1.5倍に増加しています。

　長期不況と呼ばれて久しい近年の日本経済ですが，停滞期にあってもこうしたITの活用をはじめとした各種の技術革新に関して他国に後れを取らないことが，経済を成長させる力を高めるうえで重要となっています。イノベーションを実現して経済と人々の暮らしを改善するという目標のために，これらの分野でのいっそう積極的な取り組みが必要とされています。

3-2　技術革新を促進する諸政策
企業の研究開発を支援する制度

　各種の技術革新への取り組みの中心となるのは主に企業ですが，これには一企業では負担しきれないリスクが伴うこともあります。また，他社の研究成果にただ乗りをしようとするライバル企業の存在などが原因で，負担に見合った利益が得られない可能性もあります。結果として，社会的に有意義な研究であっても十分な資金が確保できず投資が過小となり，有益な知識の発見や技術の開発が阻害される懸念が生じます。そこで，一定の条件を満たした研究開発活動に対して補助金の交付や税制上の優遇措置をとるなどの制度に加えて，以下に例示するようなさまざまな支援策がとられています。

　①特許制度：これは，新しい発見や発明をした者に特許を付与して，それに基づく技術を有限の期間独占的に使用することを認めるという制度です。特許を保有する企業はライバルにただ乗りされることを防止でき，あるいは他社に使用させる代価として特許使用料を受け取ることができます。企業はこれらによって研究開発の費用を回収するので，過小投資の問題が回避されるとともに，新しい知識の獲得とその公開は社会全体に対しても便益をもたらします。特許庁「特許行政年次報告書」によれば，2020年の日本国特許庁に対する特許出願件数は28万8,472件で，近年減少傾向にありますが，国外での知的財産戦略の重要性の高まりから，日本への特許協力条約に基づく国際出願（自国に願書を1通だけ提出すれば，条約に加盟するすべての国にその日に出願したのと同じ扱いになる）の件数は4万9,314件となり，こ

ちらは増加傾向にあります。

　②共同研究の支援：これは，産業全体にとっては不可欠な研究だが個々の企業がその負担をする誘因に欠ける場合や，新技術の種（たね）を持つ中小企業が競争下でそれを利用するリスクを負担できない場合などに，「技術研究組合」を設立して参加各社の分担で共同研究を実施し，成果を共有しようという制度です。2021 年 4 月時点では，これまでの累計で 274 件が設立され，57 件が活動しています。IT 関連の代表的な例としては，1980 年代の日本の半導体産業の躍進に貢献した超 LSI 技術研究組合（1976〜80 年）やハードディスクの垂直磁気記録方式の実用化に取り組んだ技術研究組合超先端電子技術開発機構（1996〜2013 年），Suica や PASMO の普及に貢献した汎用電子乗車券技術研究組合（1996〜99 年）などがあります（経済産業省「CIP（技術研究組合）の現況について（令和 3 年 5 月）」による）。

企業と大学・公的研究機関の連携を図る制度

　共同研究は民間企業と公的研究機関や大学との間でも行われます。直接的な利益に結び付きにくい基礎研究が中心である大学における研究開発活動の中にも，医学や薬学の分野のように，純粋な新知識の発見にとどまらず，新しい利益をもたらす技術開発につながる研究が数多くあります。基礎研究の比率が低い民間企業が研究開発の主力である日本（表 10-2 参照）においては，こうした重要な基礎研究を実施するために，性格の異なる研究開発を行う組織間の連携を促進することも政府の役割です。そこには民間企業への補助金の他に，共同研究や治験の実施などの形で大学が民間企業から研究資金を受け入れるという資金の動きもあり，文部科学省の調査では，2020 年度にはこれは約 1,224 億円となっています。また，大学は自身が保有する特許を大学発ベンチャー企業などに使用させることで約 56 億円の収入を得ています（文部科学省「大学等における産学連携等実施状況について・令和 2 年度実績」による）。これらは「産学連携イノベーション」と呼ばれ，大学が持つ知的財産の民間への移転による活用として重視されています（Column 10-2 を参照）。

Column	10-2　産学連携イノベーション

　研究開発活動をめぐる企業と大学・公的研究機関との連携については，大学などに蓄積された学術研究の成果の知的財産化や民間との共同研究の促進によって民間への技術移転を促し，新産業の育成の手段とすることを目的に，「大学等技術移転促進法」（TLO 法，1998 年）に基づく技術移転機関（TLO）の設置などの制度が整備されています。これは，価値ある技術知識や特許が大学内に未活用で残っているという認識のもと，これらを産業競争力強化のために活用することを主なねらいとしています。さらに，近年では IT の急速な発展や国際競争の激化に伴って，企業の研究開発活動の迅速化や政府による支援の必要性が高まっています。そこで，公的機関や大学が持つ知識や資源の民間企業による活用を目指して，産学連携によって企業の内部と外部のアイディアを結合させる取り組みである「オープン・イノベーション」の推進が図られています。

4．おわりに：暮らしと経済を向上させるイノベーションの役割

　近年の日本は，企業に賃金の引き上げを促して労働者の生活の改善を図る政策を通じて，内需が支える経済の拡大を目指してきましたが，必ずしも期待した成果は実現していません。加えて最近では，疫病や戦争という国際社会の混乱や円安の進行が原因で，原材料や製品の輸入価格の高騰にも直面しています。企業にとってこれは生産コストの上昇を意味しますが，国内外での激しい価格競争のため上昇分を製品やサービスの価格へ転嫁することが難しく賃上げの余力がない業種もあります。一方，転嫁が進んで景気回復を伴わないコストインフレが発生すると，実質賃金の低下が生じます。実質的な所得の伸び悩みと現在や将来の生活への不安は人々の消費行動を縮小させ，経済をさらに停滞させる一因となります。

　賃金の引き上げと生活の改善を実現する方法の１つは生産性の向上です。生産に要するコストが上昇してもそれを上回る生産性の上昇が実現できれば，賃金を引き上げる原資となります。また，規制緩和や物流システムの改革などを通じて非効率的な社会システムを変革し，企業の活動に要するさま

ざまな間接的コストを引き下げるという方法もあります。これらの実現のた
めには，本章で述べたような，製品や生産方法の革新による直接的な生産コ
ストの引き下げと，IT 分野などの技術革新の成果の活用による社会そのも
のの効率化という，企業と社会の双方におけるイノベーションが必要です。
政府には，企業や社会への制度面や資金面での支援に加えて，基礎的な研究
に取り組む大学・研究機関と実用化を目指す企業との間の連携の強化を支援
することなどが求められます。

参考文献

明石芳彦（2003）「研究開発とイノベーション」，新庄浩二編『産業組織論［新版］』有斐閣。
福田慎一（2015）『「失われた 20 年」を超えて』NTT 出版。
辻本将晴，露木真也子，渡辺孝（2011）「産学間ギャップを埋めるイノベーション・マネジメン
　　　ト」，渡辺孝編『アカデミック・イノベーション』白桃書房。
矢野誠編（2020）『第 4 次産業革命と日本経済』東京大学出版会。

第 11 章

地域銀行の将来展望

1. はじめに

　著名な金融経済学者であるマーコウィッツ（H. Markowitz）が提唱した現代ポートフォリオ理論というものがあります。経済主体である個人が選択する資産の多様化は，それらのリターン（期待収益率）を高めると同時にリスク（分散）を低下させるというものです。彼のリターンとリスクに基づく理論は抽象的であり一般的なものですが，これを現在日本の銀行業の業務にあてはめた場合，これまではたして業績にプラスとなっていたでしょうか。また，近年は金融業界にも DX（デジタルトランスフォーメーション）の波が押し寄せ，金融（Finance）と技術（Technology）を組み合わせた造語 "フィンテック" がよく聞かれるようになりました。こうした動向を地域に根を下ろす地域銀行（地銀・第二地銀）について展望しよういうのが本章の目的です。

　1990 年度後半からの長期間にわたる市場金利の低迷は，地域銀行の貸出利ザヤを縮小させて収益力を削いできました。この対応策の 1 つとして，地域銀行は従来の貸出から得られる金利収益だけでなく，自ら株式や債券といった有価証券を保有し売買することで売買差益を得たり，保険や投資信託といった他業種の商品を販売することで手数料収入を得たりするようになりました。このように，貸出業務や有価証券取引業務といった複数の収入機会を設けることを，収益ポートフォリオの多様化といいます。当該銀行の収益や安定性といったパフォーマンスを向上させ，経営上望ましいことが類推で

きます。

　それでは現実に，多様化によってこれまで収益（リターン）を高めること
や，その変動（リスク）を抑制させることができたのでしょうか。最近では
一部の金融機関が投資用不動産向け個人融資に注力し，少なくとも数年前ま
では「勝ち組」の代表格とされ優れた経営パフォーマンスを発揮してきまし
た。他方では地域銀行のかなりの割合が，低金利環境にもかかわらず乏しい
貸出資金需要の中で十分な収益を上げることができず，本業赤字に陥ってい
ます。

　こうした状況を鑑みますと，多様化が銀行のリターンに限らず，リスクの
程度や銀行そのもののサバイバビリティに利する方向に働いているのかどう
か，また，そうした影響がどの程度なのかを把握することが，これまでの銀
行経営の総括として，また今後の銀行業界展望のヒントとして有益なものと
なるでしょう。ひいては優秀な金融機関による最適貸出資金配分が，地方経
済の健全な発展に活かされ地方創生につながるものと期待できます。このよ
うな観点で銀行業を見つめるにあたって，今後注目したいのが先述のフィン
テックです。

　フィンテックという用語は2000年代前半に登場し，普及とともにイン
ターネットやスマートフォン，AI（人工知能），ビッグデータなどを活用し
たサービスを提供する新しい金融ベンチャー企業が次々と登場しています。
フィンテックが銀行業に与える影響を見ていきましょう。

　新型コロナウイルス感染症（COVID-19）は2020年のパンデミック発生
以降，人々の暮らしや仕事に深刻な影響を与え，これまでの衣食住スタイル
を劇的に変容させています。当然，銀行との関わりにおいても対応を余儀な
くされていますが，従来の銀行店舗に足を運び各種取引をするといったシー
ンは，直接人手を介しないオンライン化や非接触化に取って変わろうとして
います。

　コロナ禍の対応というのは，実はフィンテックを加速させる要因であると
とることができます。コロナ禍がなくても進展したであろうフィンテックで
すが，コロナ禍を媒介して人々や企業に否応なく行動変容を強いるようにな

りました。

　以降では，これまで地域銀行がたどってきた業務多様化戦略に注目します。業務多様化は従来の貸出による収益に特化するのではなく，有価証券取引による収益や役務取引による収益といった複数の収益機会を模索するものです。

　預金と貸金の利ザヤから得られる従来型の銀行モデルでは経営が立ち行かなくなってきています。地域銀行はそうした金融環境への対策として，フィンテックの駆使・導入による実店舗（支店）の統廃合や行員再配置という，実質的な削減を通じた経営の効率化という名のコストカットの動きを加速させています。同時に顧客満足度の向上を伴う新しいサービスを提供し，従来型の貸出金利収益に依存しない経営モデルを模索しています。本章は，このように激しく変化してきた外部環境に，どの程度の多様化戦略が奏功したのかという実績を数値化して提示するとともに，その結果とフィンテックの動向を踏まえ，今後の地域銀行の役割を展望します。

２．フィンテックについて

2-1　フィンテックの分類

　フィンテックはどのように分類できるでしょうか。実は急成長の分野ゆえに確たるものはないようです。例えば，（株）野村総合研究所は４つのサービスとして用語解説を公開していますし，情報メディア会社の（株）レタドールはカオスマップ（業界地図）として 11 のカテゴリ分けを行っています。ここでは，元日本銀行 FinTech センター長だった岩下氏による８つの分類を紹介しましょう。

①　ソーシャルレンディング

　web 上で貸し手と借り手を募り，レーティングという等級分けや数値化を実施して，融資を実現するサービスです。融資対象は個人や企業であり，フィンテックにおいて最も注目される領域と言われています。

②　決済

スマホやタブレット端末等を利用してクレジットカード決済を行うサービスです。多くのフィンテック企業が参入し，一部は既に大企業に成長しています。近年は暗号資産であるビットコインの技術により，既存の決済インフラ刷新を目指す企業も登場しています。

③　資産管理

顧客の許諾のもと，多くの金融機関の口座情報を集約して活用するアカウントアグリゲーション等により，顧客の資産管理を容易にするサービスです。

④　資本性資金調達

資金を必要とする新規事業へ取り組む企業（ベンチャー企業）と個人投資家をマッチングさせて，資本を調達するサービスです。

⑤　個人による投資サポート

個人投資への助言を，完全にソフトウェアだけで行うことにより，安価で提供するサービスです。質問回答方式でポートフォリオの形成，テーマ選択による投資，ビッグデータ分析による資産管理も可能です。

⑥　小規模企業向けサービス

小規模企業向けに，売掛金・買掛金・固定資産等の管理，請求書作成，給与・税金支払いといった経理，税務等のサポートを行うサービスです。

⑦　送金

国際送金や個人間送金等のモバイル送金を低価格で提供するサービスです。送金先が銀行口座を持っていない場合も送金可能です。外国人による母国への送金手段として注目されています。

⑧　個人向け金融

スマホやタブレット端末等によって個人向けの銀行サービスを提供するものです。使い過ぎ防止等の適時適切な助言サービスを受けることが可能です。

このように，フィンテックは DX により，従来金融サービスを担ってきた銀行ができなかったこと，あるいは使い勝手が悪かったものを，より良い

方向に変化させてきたといえるでしょう。ただし，これら8つの中にはまだまだ発展途上で普及には至っていないものもあり，これからどのサービスが成長していくかは予断を許しません。その中でも，注目度が高いレンディングサービスについて，もう少し掘り下げていきましょう。

2-2　レンディングサービス例

　レンディングサービスは従来の銀行融資とは異なったサービスとして注目されています。このレンディングサービスにより，銀行店舗への来店を必要とせずオンラインで完結するようになりました。さらに分類すると，個々人や企業の取引情報を数値化しその値に応じた貸付条件を提供するトランザクションレンディングや，より広範な顧客のさまざまな情報を活用するスコアレンディング，銀行員が融資の審査するのではなくAI（人工知能）に任せるAI融資等があります。さらに，そもそも銀行を介在させずに資金を借りたい個人・企業と貸したい個人・企業をダイレクトで結びつけるソーシャルレンディングというのもあります。ただし，借り手の確実な返済力を保証するために，何らかの銀行の介在を求める動きもあるようです。このように一

図11-1　レンディングサービス市場規模推移

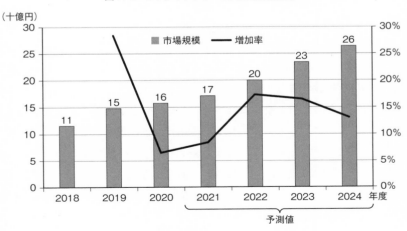

出所：矢野経済研究所のデータに基づいて作成。

言でレンディングといっても，さまざまな派生サービスが開発・提供されて
います。

　フィンテックの拡大に伴い，こうしたレンディングサービス市場も活性化
し，市場拡大が見込まれています（図11-1）。ソーシャルレンディング，AI
融資，スコアレンディングを対象とした事業者売上高ベースで算出したレン
ディングサービス市場規模は，2020年度で約157億円（前年度比106.6％）
に達します（（株）矢野経済研究所調べ）。特にソーシャルレンディングがけ
ん引し，スコアレンディングも拡大しています。

　このように拡大基調のレンディングサービスですが，ここまで見てきたよ
うに必ずしも従来貸出業務を担ってきた銀行が対応している訳ではありませ
ん。社会的なニーズがあるのに十分対応できず，銀行業界以外の企業が進出
しているのはなぜでしょうか。銀行は従来業務を固守すればよいと判断した
のでしょうか。そこで，次節では地域銀行に焦点を当てて，銀行業務の多様
化を図ってきたのかどうか，そして多様化の判断は正しかったのかどうか
を，データ分析を通じて確認していきます。

3．銀行業務の多様性

3-1　データ概要

　本章で紹介するデータは，主に個別銀行の経営活動を報告する各種財務諸
表データです。1997年から2020年までをパネルデータとしてまとめ，業務
多様性の分析に供しました。

　分析に先立ち，対象となる銀行数ならびに預金と貸出金の割合である預貸
率の推移について，参考指標として都市銀行および信託銀行他も含めた普通
銀行を対象に確認しておきましょう（図11-2）。銀行総数は1997年度の148
行から2020年度の114行へと約2割が減少しました。1990年度から2000
年度前半にかけては，バブル崩壊後の不良債権（貸出債権のうち回収が困難
なもの）処理による銀行の合併・事業譲渡・救済合併が活発に実施された時
期にあたります。一方で，直近数年はそうした動きが一段落しています。分

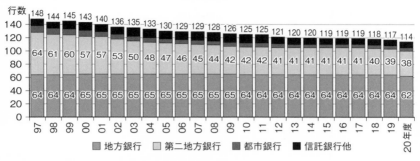

図 11-2　普通銀行の行数推移

出所：全国銀行財務諸表分析のデータに基づいて作成。

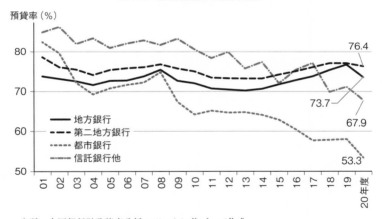

図 11-3　銀行業態別の預貸率推移

出所：全国銀行財務諸表分析のデータに基づいて作成。

類ごとでは特に第二地銀の減少が目立ち，約 20 年の間に 2/3 まで落ち込んでいます。以降の分析では，2020 年度に存続している地銀・第二地銀の計100 行に注目していきます。

　業態別の預貸率推移は，2000 年以降総じて低下傾向ですが，地銀・第二地銀に限ると 2013 年を底として近年は反転上昇し，新型コロナショック前の 2019 年度では 8 割近くに達しました（図 11-3）。地域経済において地銀・

第二地銀の存在感は大きく，有価証券業務収益や役務取引等収益といった貸出以外の業務収益を模索する動きがあるものの，主要業務としての貸出の影響は依然として大きいことがうかがえます。ここで，有価証券業務収益とは保有有価証券の配当金や証券売却益，金銭信託運用益といった証券の取り扱いから得る収益を指します。役務取引等収益とは，為替業務手数料や口座振替手数料，投信販売手数料といった各種手数料による収益を指します。

3-2　業務多様化率の算出

本項で紹介する業務多様化率とは，銀行が特定の業務のみに偏らず，幅広く収益機会を得ていることを示す比率のことを指します。特定業務に収益が特化するような場合，業務多様化率が 0 となり，逆にすべての業務が同額であれば業務多様化率は 1 です。すなわち，比率の上昇は業務の多様化が進んだことを示し，低下は業務の特化が進んだことを示します。ただし公的統計として存在しないため，個別行の財務諸表データより次の手順に従い独自に算出します。

まず銀行の業務を①金利業務収益，②貸出業務以外の金利収益，③有価証券業務収益，④役務取引等業務収益，⑤その他の業務収益の 5 つに分類しました。ここで，これら収益とはどのようなものか，もう少し詳しく説明しておきましょう。

①　金利業務収益

貸出金利息すなわち銀行が企業や個人に資金を貸し出す際の利息のことであり，最もイメージしやすい収益源でしょう。

②　貸出業務以外の金利収益

資金運用収益－（貸出金利息＋有価証券利息配当金）

資金運用を通じて得られる収益から貸出金利息と有価証券利息配当金を除いた額を指します。

③有価証券業務収益

有価証券利息配当金＋その他業務収益＋株式等売却益＋金銭の信託運用益

銀行自体が投資目的で保有していた国債，社債，株式といった有価証券の

売却による損益を指します。

④ 役務取引等業務収益

　顧客に提供するサービスの対価として受け取った手数料収益から，支払っ
た手数料を差し引いたものです。

⑤ その他の業務収益

　　その他経常収益－（株式等売却益＋金銭の信託運用益）

　これらすべての業務収益の合計が経常収益となります。（一社）全国銀行
協会が提供している「全国銀行財務諸表分析」に上記データが収録されてい
ます。上記5つの収益データを整備したうえで，以下に示すハーフィンダー
ル・ハーシュマン指数という指数化手法を用いることで業務多様化率 DIV
が算出できます。若干の調整を施し，各業務収益が完全に同額となる場合が
1になるよう基準化しました。

$$DIV = \frac{5}{4}\Big[1-\Big\{\sum_{i=1}^{5}\Big(\frac{S_i}{S}\Big)^2\Big\}\Big] \qquad (11\text{-}1)$$

ここで，S_1 は金利業務収益，S_2 は貸出業務以外の金利収益，S_3 は有価証券
業務収益，S_4 は役務取引等業務収益，S_5 はその他の業務収益，S は経常収益
（業務収益の合計）です。仮に，収益のすべてを金利業務収益でまかなった
場合（$S_1=S$，$S_2, S_3, S_4, S_5=0$），業務多様化率はゼロです。そして，5つの
収益が同額だと（$S_1=S_2=S_3=S_4=S_5$），業務多様化率は1と評価されます。

　図11-4は算出した業務多様化率の推移をまとめたものです。実線が中央
値（昇順に並べたときの真ん中の値）で上下の破線がばらつき（第1・第3
四分位数）の大きさを示しています。期間は1997年度から2019年度までと
していて，2020年度からはじまったコロナ禍による混乱期は除外していま
す。2019年度の値は図右上に示されています。銀行全体では，2000年冒頭
にかけて低下した後，上昇に転じています。2008年のリーマンショックに
代表される世界的不況期の低下を経ていったん落ち込みますが，その後は反
転し上昇基調が続いています。地銀はリーマンショック期の落ち込みが大き
く，第二地銀は全期間を通じた上昇幅が大きいものの各行の取り組みには大
きな幅があるようです。

　銀行の規模別に集計したのが図11-5になります。ここでは銀行数が均等になるよう各年度の各行総資産規模に応じて大規模，中規模，小規模に3等分しました。すると，規模が大きいほど多様化率が高かったことが分かりました。また直近にかけては，中規模行の多様化率が一定値に集まっているのですが，逆に小規模行では拡大傾向となっています。図11-6は多様化率を地域別にまとめたものです。全期間を通じて，甲信越・北陸地域と東海地域の中部エリアが高めに推移したのに対して，九州・沖縄地域は低調でした。業務多様化への取り組み程度のばらつきが大きかったのは近畿，中国・四国，九州・沖縄の西日本エリアでした。

　図11-7はさらに銀行の本店所在地と多様化率を地理的な分布として把握しやすくするために，2019年度の状況を地図上に示したもので主題図といいます。本店所在地点の経済規模と合わせて考察するために，都道府県ごと

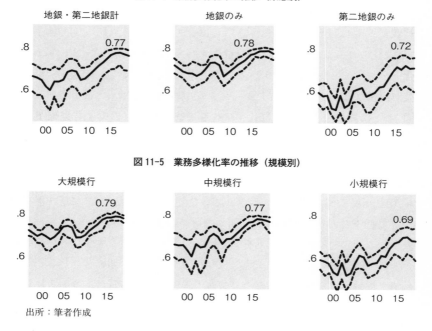

図11-4　業務多様化率の推移（業態別）

地銀・第二地銀計　　　　地銀のみ　　　　第二地銀のみ

図11-5　業務多様化率の推移（規模別）

大規模行　　　　中規模行　　　　小規模行

出所：筆者作成

図 11-6　業務多様化率の推移（地域別）

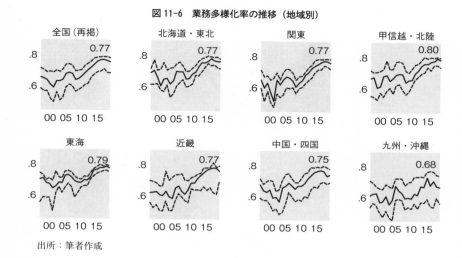

出所：筆者作成

　の総生産額の大小に比例した色を付けてあります。全地域銀行の平均は
0.73 でした。全般的に隣接の銀行と同程度の多様化率を示していることが
わかります。東京，神奈川，愛知，大阪，兵庫，福岡は大都市を抱えている
都道府県ですが，だからといって特別多様化率に特徴があるわけではなさそ
うです。

3-3　業務多様化率と銀行収益

　前項で可視化させた地域銀行の業務多様化性は，銀行ごとにバラエティー
に富んだものでした。護送船団方式の名残で隣接行の動向に目を配りつつ
も，個別行ごとに営業エリアの現状や将来展望を鑑みて活動していたことが
うかがえます。本項ではさらに，今回得た業務多様化率データを活用し，銀
行の収益指標の 1 つである ROA すなわち総資産に占める利益の割合との関
係を確認します。ただし，ある年度に限った関係ではその年特有の事象が強
く反映してしまう恐れがあります。そのため，前項での分析期間である
1997 年度から 2019 年度の 23 年間で，多様化率と ROA にどれだけの変化
があったのかを図 11-8 の散布図でみてみましょう。

図11-7　地域銀行（地銀・第二地銀）の業務多様化率分布（2019年度）

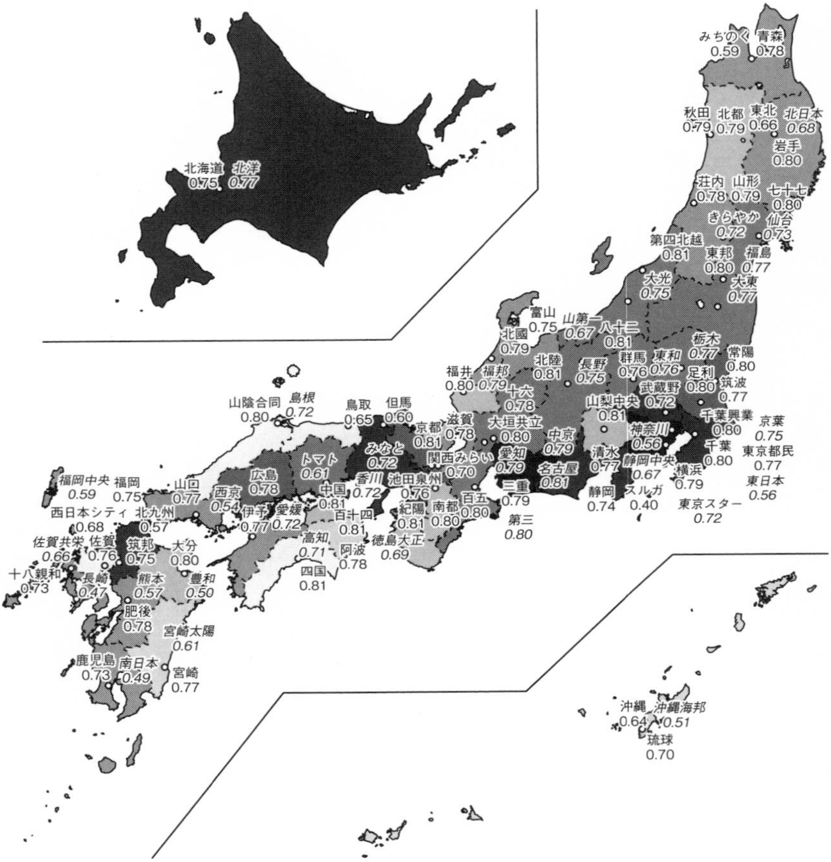

みちのく　青森
0.59　0.78

秋田　北都　東北　北日本
0.79　0.79　0.66　0.68
岩手
0.80

荘内　山形
0.78　0.79　七十七
0.80
きらやか　仙台
0.72　0.73
第四北越
0.81　東邦　福島
0.80　0.77
大光
0.75　大東
0.77

北海道　北洋
0.75　0.77

富山　山第一　八十二
北國　0.75　0.67　0.81
0.78　北陸　長野　群馬　栃木
福井　福邦　0.81　0.75　0.76　0.76　0.77
0.80　0.79　十六　足利
山陰合同　島根　0.78　大垣共立　0.80　筑波
0.80　0.72　鳥取　但馬　0.78　0.77
0.65　0.60　京都　滋賀　山梨中央　武蔵野
西京　0.81　0.81　中京　0.81　0.80
広島　0.54　みなと　関西みらい　0.79　神奈川　千葉興業
福岡中央　福岡　山口　0.78　0.72　愛知　静岡中央　0.56　0.80　0.80
0.59　0.75　0.77　トマト　香川　池田泉州　0.70　清水　横浜　京葉
西日本シティ　北九州　0.61　0.81　0.81　名古屋　0.67　0.79　千葉　0.75
0.68　0.57　伊予　愛媛　百十四　三重　0.81　スルガ　0.80　東京都民
佐賀共栄　佐賀　0.77　0.72　南都　0.79　静岡　0.40　東京スター　東日本
0.66　0.76　筑邦　高知　阿波　0.80　第三　0.74　0.72　0.56
十八親和　長崎　0.75　大分　0.71　0.78　0.80
0.73　0.47　熊本　0.80　徳島大正　四国
肥後　0.57　豊後　0.69　0.81
0.78　0.50
宮崎太陽
0.61
鹿児島　南日本　宮崎
0.73　0.49　0.77

沖縄　沖縄海邦
0.64　0.51
琉球
0.70

※1　正体文字は地銀、斜体文字は第二地銀を示します。
※2　数値は1に近いほど業務多様化型、0に近いほど業務特化型を示します。
※3　都道府県の色が濃いほど、総生産額が高いことを示しています。

出所：筆者作成

　横軸を23年にかけての業務多様性の変化，縦軸はその期間に対応する
ROAの変化に対応しています。図中のドットは個別銀行を表し，異常値と
思われる2行を除いた98行の経営戦略と結果が記されています。全般的な

図11-8　業務多様性の変化と収益の変化

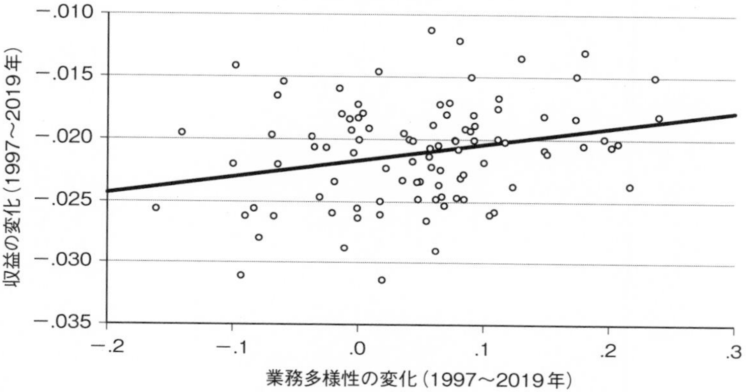

出所：筆者作成

傾向を読み取りやすくするために，分布のトレンドを示す直線（回帰直線）を加えてあります。その直線は明確に右上がりとなっていてその傾きは0.013でした。すなわち，業務多様化率を0.1高めることが総資産利益率を0.13％底上げすることに対応していたといえるでしょう。

4. おわりに

　地域銀行は経済環境の変化に適応しつつ，合併等でその総数を縮小させながら多彩な収益源を模索してきました。従来型の預金・貸出による利ザヤ獲得だけでは経営は成り立たず，地域に貢献する銀行として将来にわたって存続できないでしょう。業界の壁を越えた提携・持ち株会社化・合併の機運が高まっているのも，地域銀行自身が感じ取っている危機感を反映した結果といえます。

　過去数十年にわたって，銀行業務の多様化はゆっくりとではありますが進展してきました。今後は，有価証券の自己売買や手数料収入の獲得といった財務諸表に明記されている項目以外にも，顧客の相談にのる"コンサルティング"，顧客同士の商談の場を提供する"ビジネスマッチング"，人材紹介・

事業承継・高齢者向け金融サービス等で，幅広い潜在的な収益源を模索する必要があるのではないでしょうか。ただし，こうしたこれまで必ずしも力を入れてこなかった活動には，柔軟な思考を持ったマンパワーが必須です。一方で，今後数十年にわたってますます進行する少子高齢化社会にあって，銀行業界だけが存分に人材を確保できる見込みはありません。前節までの分析から，業務の多様化は長期的には銀行収益にプラスの影響を与えることが確認できました。一層多様化する業務を限られた人材でなし得るでしょうか。

　そこでフィンテックの活用・普及がカギとなります。幸か不幸か，日本の銀行業界におけるフィンテック導入は遅れたために，アメリカ，イギリス，中国，インドのようなフィンテック先進国の事例をトレースすることでスムーズな導入が可能なはずです。フィンテック推進がコストを抑え既存業務の生産性を底上げし，さらなる収益機会の創出につながるような好循環の土壌が確立されると地域銀行の存在意義がより一層高まるでしょう。

参考文献

Markowitz, H. M. (1952), "Portfolio Selection", *The Journal of Finance* Vol.7, No.1, pp.77-91.

岩下直行（2016）「銀行の情報システムの将来像〜FinTech が示唆する未来〜」NRI 金融 IT フォーラム資料。

第 12 章

グローバル化とは何か

　グローバル化（Globalization）という言葉は現在広く使われています。「グローバル化時代の日本経済」,「グローバル化時代と国際社会」,「グローバル化時代を生き抜く方法」などの言葉を皆さんも一度は耳にしたことがあるでしょう。また，グローバル（Global）とローカル（Local：地方特有の）を組み合わせてグローバル化時代のローカルな問題に焦点を当てるグローカル（Glocal）という言葉も広く使われるようになっています。このようにグローバル化は広く浸透している言葉ですが，実際にはそれが何を意味しているのか？　そこで我々は何を考えるべきなのか？　については明確に答えられる人は必ずしも多くありません。グローバル化という単語の意味は地球規模化（あるいは世界普遍化）ということになりますが，何が地球規模なのでしょうか？　また，それは私たちの生活にどのようにかかわっているのでしょうか？　この章ではこうした問題について，経済的な観点から簡単に解説します。

　経済におけるグローバル化とは，私たちの経済活動が地球規模化しているということです。経済活動とは金銭やモノ・サービスを交換する活動のことで主にモノやサービスを作り出す生産とそれらを使用する消費，現在と将来で価値の交換を行う資産の売買などからなります。私たちは何もないところからモノやサービスを生産することはできないので，より正確に言えば，私たちの行っている経済活動とは世の中に存在しているものを使って新しい価値（これを経済学では付加価値と呼びます）を生み出し，それを市場で交換して現在または将来消費する活動のことです。経済のグローバル化とは，このような私たちの活動が地球規模化しているということです。

　では，私たちの経済活動が地球規模化しているとはどういうことでしょうか？　多くの人々にとって日常生活は自宅，職場，学校などかなり限定された地域や場所で営まれているものであり，自転車，バス，自家用車，通勤電車などで行ける範囲が私たちの体感している世界です。私たちは日々 TV やインターネットを通じて世界中のニュースに触れる機会がありますが，遠い外国の出来事が自分たちの活動に深くかかわっているということを感じることはあまりないかもしれません。

　しかし，実際には日々のニュースや私たちの生活を少し見まわすだけでも，経済のグローバル化を体感できることはたくさんあります。例えば，外国において天候不順，自然災害，戦争などが発生し食料品と化石燃料（石油，石炭，天然ガス）の値段が上がった，などという事態になれば，スーパーでの支払い時や電気料金の徴収票を見る際に世界とのつながりを意識するでしょう。また，「FRB（米国連邦準備制度理事会）が利上げを決めた」というニュースはそれ自体では遠い外国での出来事と思うかもしれませんが，それは日本円と米ドルの為替レートを円安（＝日本円の価値が下がること。外国のモノを買うと割高になる）に動かす可能性が高いので，海外旅行においてお土産代が高くつき欲しいものを我慢しなければならなくなれば自分と無関係の話ではないことが良く理解できると思います。さらに，オンデマンドの配信サービスを利用して海外ドラマを視聴するのは，海外で生産されたサービスを日本に居ながら消費することに他なりません。私たちが日常的にスマートフォンを使用して様々な活動をしていることも，スマートフォンがもともと海外で生み出されたアイデアに基づいており，その生産も複数の国々をつないで行われていることから，経済活動グローバル化の1つの例として挙げることができます。

　このように，私たちの現在の生活は実感できる生活圏の中だけで成り立っているわけではなく，世界各国での経済活動と深く結びついています。経済がグローバル化しているということは，その結びつきが日々強まっているということです。そこでまず私たちの世界がどの程度グローバル化しているのか，実際のデータを使って確認してみましょう。

1．人・モノ・お金のグローバル化の実態

　経済活動がグローバル化していることを認識する上で最も簡単な方法は，人，モノ，お金が日常的な生活圏や国境を越えて移動していることをデータで確認することです。グローバル化が進展しているというからには，それは過去と比べて大きく伸びているはずで，それが事実であるなら，私たちは経済のグローバル化が世界をどのように変えたのか，その方向は正しいのか，そこで何をしなければならないかを考える必要があります。そこでまず人の移動からグローバル化の現状を見てみましょう。

　図 12-1 は 1980 年代半ばからの国際線民間航空機による旅客数の推移を示しています。これを見ると，1986 年には飛行機により国境を越えて移動した人々の数は延べ人数で約 2 億人であったのに対して，COVID-19 のパンデミック直前の 2019 年には約 18 億 5 千万人と 9 倍以上にまで増加していることが分かります。飛行機で国境を越えて移動するほどの距離を日常的な生

図 12-1　国際線旅客数

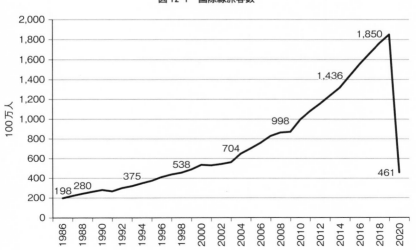

出所：ICAO, Annual Report of the Council

活圏とすることはほとんど考えられないことなので，この旅客数増加はそうした日常の生活圏を超えた人の移動が急激に拡大している，つまりビジネス，旅行などを通じた人の移動においてグローバル化が進んでいる一つの証拠とみなすことができるでしょう。パンデミックによって国境がほとんど封鎖されていた2020年においてさえ，旅客数は1986年の2倍以上にあたる4.6億人を記録していることからも，現在の世界がグローバル化以前とは異なるものになっていることがわかると思います。

　次にモノとサービスの流れからグローバル化の進展を見てみましょう。図12-2は過去40年にわたる世界全体での輸出額の推移を示したものです。この図を見ると，わずか40年間に世界全体ではモノとサービスの輸出額がそれぞれ2兆114億ドルから22兆3931億ドル，4288億ドルから6兆427億ドルと約11.5倍，14.1倍に拡大していることが明らかですが，これは現代の人々がわずか数十年前とは比べ物にならないほど外国製のモノやサービスが溢れかえっている世界に生きているということです。これも経済グローバル化の1つの証拠として考えることができるでしょう。さらにもう1つ重要なこととして，COVID-19のパンデミックによって2020年に大きく落ち込んだ輸出額が，パンデミックが収束していないにもかかわらず2021年にはすぐに回復していることもグローバル化がどれほど強力なものであるかを示

図12-2　モノとサービスの輸出

出所：World Bank, World Development Indicators

しています。サービスの輸出についても同様に急激に拡大しています。

　ここまで，人，モノ・サービスの国際的な動きからグローバル化について見てきましたが，私たちの経済活動においては人やモノ・サービスが国際的に移動するだけでなく，お金の移動も重要な意味を持っています。現代社会では資産運用の1つとして外国の通貨や株式，債券，金融派生商品（通貨，株式，債券，原油などの取引において，リスクを回避したり高い収益を求めるために生みだされた取引）などを売買している個人や企業も多く，これは自分の財布が銀行口座を経由して海外の経済活動と直接リンクしていることを意味しています。そのため，お金の流れからもグローバル化について確認することが必要でしょう。図 12-3 は世界全体での外国為替市場での商品別取引高の推移を見たものですが，この表から，お金の動きについても 1989年から 2019 年までの過去 30 年で 5390 億ドルから 6 兆 5955 億ドルへと12.2 倍に急拡大していることが分かります。特に近年では短期の資産運用として通貨間の金利差調整分を受け取る為替スワップや約定から支払いの受

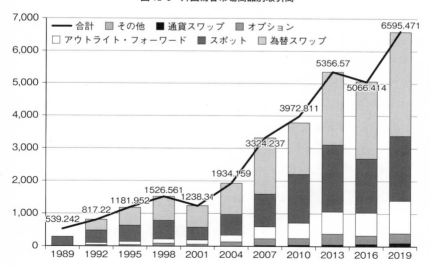

図 12-3　外国為替市場商品別取引高

出所：BIS, Triennial Report, 2019

け取りまでが 2 営業日以内というスポット取引が大きく伸びています。

　ここまで見てきたように，現在の世界は人，モノ・サービス，お金のどの点から見てもグローバル化が進んでいると言えます。では，このグローバル化が進んでいる現在の世界について，私たちは何をどのように考えることが重要なのでしょうか？

2．グローバル化は世界を豊かにしたのか？

　経済がグローバル化しているという現実について考える際，「それが人々をより豊かにしているのかどうか？」という問題に答えることはもっとも重要な点の 1 つでしょう。もし経済のグローバル化が人々の生活を以前より貧しくしているのであれば，グローバル化は望ましいことではなく，私たちはそれを止める方法について考えなければなりません。一方でもしそれが世界の人々を以前より豊かにしてきたのであれば，そこにさまざまな問題が含まれていたとしても私たちは経済グローバル化という土台の上でよりよい社会の在り方を考えることが正しいアプローチになります。

　豊かさとは所得の大きさだけでなく人間生活のさまざまな点から考える必要のあるものですが，本章では所得，健康，教育から豊かさを測るために国際連合が作成した人間開発指数（Human Development Index：HDI）を用いてこの問いに対する答えを考えてみましょう。

　表 12-1 は世界全体についての HDI とその構成要素である平均寿命，平均就学年数，平均所得の過去 30 年間の推移を示したものです。これによると世界全体での人間開発指数は 1990 年には 0.601 であったものが，2000 年には 0.644，COVID-19 パンデミック直前の 2019 年には 0.737 と上昇していることが明らかです。また，1 つ 1 つの構成要素を見ても，平均寿命が平均寿命と平均就学年数がそれぞれ約 7 年，約 2.7 年伸びており，所得は約 7000 ドル増加しています。つまり，人々は過去 30 年間でより長く人生を楽しむことができるようになり，より多く学べるようになり，より大きな所得を得られるようになっていることから，健康，教育，所得のどの観点から見

表 12-1　HDI と構成要素の変化

year	HDI	寿命	就学年数	所得
1990	0.601	65.42	5.80	9698.0
1995	0.620	66.35	6.46	9864.2
2000	0.644	67.52	7.08	11009.9
2005	0.671	68.93	7.46	12404.6
2010	0.699	70.54	7.89	13870.2
2015	0.724	71.97	8.32	15390.1
2019	0.737	72.75	8.53	16733.8

出所：UNDP, Human Capital Development Report

ても世界はより豊かになってきていると言えます。

　相関関係があること（一方が増加すればもう一方も増加するなど，2つの事象の間に密接な関係があること）と因果関係があること（一方が原因，他方がその結果という関係があること）は同じではないので，この結果からグローバル化が世界をより豊かにしている，つまりグローバル化という原因がより豊かな世界という結果を作り出していると簡単に結論付けることはできませんが，少なくともグローバル化が進んでいる世界は以前より豊かになっているということは言えそうです。したがって，私たちはグローバル化という現実を否定する方向に議論を進めるのではなく，その実際の姿を詳しく調べて問題点を明らかにすることで，これからの社会やそこで何をすべきかを考える必要があるでしょう。

3．グローバル化は本当にグローバルなのか？

　グローバル化が進む社会において何を考えて何をするべきかを議論するには，その実態を理解することが欠かせません。そのために，グローバル化という言葉がもつもう1つの意味である世界普遍化の側面について考えてみましょう。普遍化とは個別的であったり特殊であったりする要素を取り除き共通なものを取り出して理解することを意味しており，その意味でのグローバ

ル化とは世界が個別，特殊なケースを排除して共通なものに向かっていくということを意味します。この章ではここまで世界全体のデータを使って経済のグローバル化が進んでいることや世界がより豊かになってきたことを示してきましたが，これは本当にグローバルな現象として考えてよいのでしょうか？　グローバル化が世界普遍化でもあるなら，これまで見てきた国際的な経済活動の拡大や豊かさの上昇もまた世界で共通に生じていることになりますが，それは事実でしょうか？

　この問題には世界をいくつかのブロックに分けて比較することで答えを求めることができます。ブロックの分け方にはいくつかありますが，ここではまず最も簡単な方法として地理的なブロックに分けて考えてみることにしましょう。図 12-4，12-5 はそれぞれモノとサービスの輸出額を地域別に比べたものです。

　これらの図からは，モノとサービスの輸出の伸びが地域間で大きく異なっていることがわかります。モノの輸出に関しては，東アジア＆太平洋地域と西ヨーロッパ地域が 2000 年以降に大きな伸びを示している一方で，他地域

図 12-4　地域別輸出額（モノ）

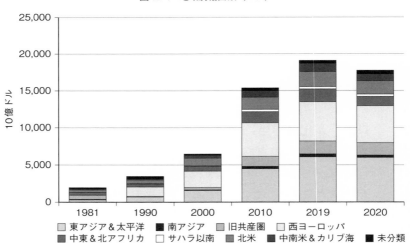

出所：World Bank, World Development Indicators

図 12-5　地域別輸出（サービス）

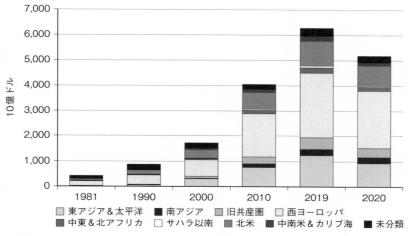

出所：World Bank, World Development Indicators

　の伸びはそれほど大きくありません。サービスの輸出に関しては2000年以降西ヨーロッパ地域の伸びが著しく，東アジア＆太平洋地域と北米地域がそれに続いていますが，中東＆北アフリカ地域，サハラ以南地域，中南米＆カリブ海地域には目立った増加は確認できません。つまりモノやサービスの動きという私たちが最も直接的に実感できる経済活動で見ると，経済はグローバル化しているというより地域化（Regionalization）していると考えることができます。

　グローバル化の問題と考えられていることが地域間でかなり異なっていることは，豊かさからも見ることができます。表12-2は人間開発指数とその構成要素について過去30年間の地域別の変化を示したものですが，この表からは，すべての地域でグローバル化の進展に伴い，平均寿命，平均就学年数，平均所得が伸びて総合的に見て豊かさが増している一方で，そのペースは地域間で異なっており格差が根強く残っていることがわかります。

　格差を考える場合，一般的には所得の格差がまず目につきますが，平均寿命や平均就学年数の格差も大きいことは大きな意味があります。これは人が

表12-2　地域別HDIとその構成要素

	人間開発指数				平均寿命			
地域	1990	2000	2010	2019	1990	2000	2010	2019
東アジア&太平洋	0.530	0.609	0.699	0.753	68.9	71.1	74.0	76.2
南アジア	0.424	0.488	0.569	0.632	58.1	62.8	66.8	69.6
旧共産圏	0.660	0.704	0.774	0.817	68.0	68.8	72.1	75.0
西ヨーロッパ	0.789	0.850	0.891	0.914	76.3	77.8	80.3	81.8
中東&北アフリカ	0.546	0.615	0.697	0.724	65.8	69.9	72.5	74.3
サハラ以南	0.247	0.320	0.473	0.521	50.3	50.5	56.8	61.6
北米	0.864	0.884	0.915	0.926	75.4	77.0	78.9	79.2
中南米&カリブ海	0.624	0.684	0.731	0.763	68.3	71.6	74.1	75.6
	平均就学年数				平均所得			
地域	1990	2000	2010	2019	1990	2000	2010	2019
東アジア&太平洋	5.096	6.765	7.674	8.404	4865.0	6937.4	11495.5	17252.8
南アジア	2.934	4.268	5.294	6.288	1919.5	2575.1	4065.6	6264.3
旧共産圏	7.402	9.911	10.675	11.301	12474.3	12343.1	18803.3	23333.0
西ヨーロッパ	7.943	9.996	11.515	12.043	33977.5	40740.9	44072.5	48302.9
中東&北アフリカ	3.631	5.175	7.102	8.064	11581.2	13179.9	16663.8	15961.4
サハラ以南	1.933	3.020	4.741	5.454	2661.6	2491.5	3276.7	3639.8
北米	12.140	12.576	13.222	13.409	39957.3	49275.1	54315.4	62276.8
中南米&カリブ海	5.157	6.511	7.707	8.690	10301.4	11969.9	14347.2	14811.9

出所：UNDP, Human Capital Development Report
　　　人口を用いた加重平均，著者計算

本来平等に持っているはずの生存権や教育を受ける権利といった基本的な権利について大きな格差が存在していることであり，さらにそれは将来所得においてより大きな格差を生み出すことが考えられるためです。一方で格差が拡大しているといっても，人間開発指数でみる限り以前より状況が悪くなっている地域はないのも事実であるため，この問題はグローバル化を否定することで解決される問題ではなく，グローバル化の下での地域化がどのようなメカニズムで生じているのか，地域間の格差縮小を妨げている原因は何かを考えることが重要であることもわかります。

　このグローバル化時代の地域化という現象が強まっている原因については，地域毎ごとにそれぞれ異なる事情があり1つの理由だけでは説明できません。例えばモノやサービスの貿易に関する西ヨーロッパ地域で地域化が急速に進んでいるのは政治が地域統合を主導した結果と考えられます。西ヨーロッパ地域では政治的に共通の枠組みでより豊かな社会構築を目指すためにヨーロッパ連合（European Union：EU）を設立し，人，モノ，お金の国境を越えた移動の自由化や共通通貨 EURO 導入といった経済統合推進政策を行った結果，他地域と比べても大きく地域化が進展しました。

　これに対して，東アジア（北東アジアと東南アジア）の地域化は政治主導ではなく多国籍企業（複数の国で活動している企業）が主導したものと言われています。この多国籍企業が主導した地域の経済統合はどのようなものなのでしょうか？　スマートフォンの生産を例にして考えてみましょう。

　スマートフォンという一つの製品は分解するとさまざまな部品を組み合わせて作られており，その生産工程は次のようになります。

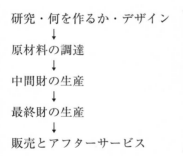

研究・何を作るか・デザイン
↓
原材料の調達
↓
中間財の生産
↓
最終財の生産
↓
販売とアフターサービス

この過程をそれぞれ最も
条件の良い地域・企業で行う
（↓で貿易が発生する）

　この各工程ではそれぞれに高いレベルの知識や技術が必要であるため，すべての工程を1つの会社内で行うことは非効率です。また，それぞれの国がどの工程に強みを持っているかも異なっているので，輸送のコストを十分に下げることができればそれぞれの工程をそれぞれ得意な企業が条件の良い国で行い，最終的にそれを組み合わせて完成品を作れば効率的な生産を実現して高品質な製品を安価に提供できるようになります。このような同一産業内での原材料，部品，最終製品間の貿易は産業内垂直貿易と呼ばれます。

　東アジアでは，多国籍企業が情報通信技術（ICT）の発達，輸送技術の向上，インフラストラクチャー（港湾，道路，鉄道等）の整備，貿易や投資におけるルールの透明化によって輸送コストが下がったことを受けて，産業内垂直貿易で地域内の国々を結ぶ生産工程のネットワーク（サプライチェーン）を構築しました。その結果，地域内での貿易は急増し，経済活動の結びつきは強まっています。日本は東アジアの国であり，多くの日本企業もこの地域サプライチェーンに加わっていますので，これを理解することは現在と未来の日本について考える上でも非常に重要なことです。

　ここまで経済グローバル化について世界を地理的にブロック化することで実態を見てきましたが，次に別のブロック化の方法として経済発展水準を基準にしてみましょう。World Bank では世界の国々を所得水準に従って低所得国，中所得国（下），中所得国（上），高所得国に分類していますが，その各ブロック内の国々への輸出と他ブロックの国々への輸出を比較したものが図 12-6 です。

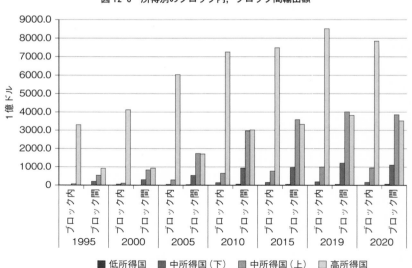

図 12-6　所得別のブロック内，ブロック間輸出額

出所：World Bank, World Development Indicators

　この図からはグローバル化時代の貿易拡大が主に高所得国から高所得国への輸出，高所得国から他のブロックの国々への輸出，中所得国（上）から他のブロックの国々への輸出によって説明できることがわかります。つまり，豊かな先進工業国の工業製品と貧しい後進国の一次産品（農作物など）の交換（このような最終製品同士の貿易を水平貿易と呼びます）として特徴づけられるいわゆる南北問題というものは，グローバル化時代の貿易の特徴としては正しいものではないのです。現代の貿易は，複雑な行程を地域内で分担して生産するネットワーク内での貿易と，その製品を所得水準の高い地域間で輸出入する地域間貿易が組み合わさったものになっています。

　ここまで見てきたように，経済グローバル化は地域化，所得水準ブロック化という形で深化していますが，これはグローバルにはどのような影響を持つのでしょうか？　モノとサービスに関していえば，これは地域間での輸出と輸入の大きな不均衡（輸出と輸入が釣り合っていないこと）につながっています。この不均衡は特に東アジアと北米の間で大きく，これをグローバルな貿易不均衡と呼ぶこともあります。東アジアは多くの中所得国（上）と一部の高所得国（日本，韓国，台湾等）で構成される地域であり，地域内サプライチェーンネットワークを使って効率的に生産したモノを高所得地域である北米に対して輸出していますが，北米から東アジアへの輸出はそれを相殺する水準にはなっていません。この不均衡は政治的な対立の要因になっており，これまで構築されてきたサプライチェーンの再編につながる可能性を持っています。

　こうしてみると，経済グローバル化にはブロック内での関係深化だけでなく，ブロック間での影響拡大という側面もあることが分かります。つまり経済のグローバル化とは地域や所得水準によるブロックがモザイク状に組み合わさった構造が固定化され強化されていると考えることが出来るでしょう。これはお金や情報の流れについても同様に確認される現象です。

　一方で，グローバル化には世界中に共通項が広がる世界普遍化の要素を見出すことも可能です。こうした事例の１つとして携帯端末の普及を見てみましょう。図12-7は所得ブロックごとの携帯端末契約率（100人当たり契約

図 12-7

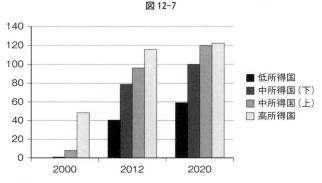

出所：World Bank, World Development Indicators

件数）を 2000 年，2012 年，2020 年のデータで比較したものです。2000 年時点での携帯端末は英語で Feature Phone と呼ばれる通話機能にカメラ，近距離無線通信，メールなどの機能を加えたもの（日本ではガラケーと呼ばれるもの）が中心ですが，2012 年，2020 年ではスマートフォンが主流と考えられます。

　この表からは，保有と使用のコストが決して低いとは言えない携帯端末の利用がどの所得ブロックの国々でも拡大していることが見て取れます。データは低所得国が他のブロックと比べて依然として明確に普及率が低いことも示していますが，その低所得国でも 100 人当たり約 60 件の契約数に到達しており，携帯端末の利用はそれらの国々でもかなり一般化している考えることができるでしょう。ICT の発達はそれを活用した製造業，サービス業に対してプラットフォーム（共通の土台）を提供しており，世界中の人々に対して所得の高い低いにかかわらず携帯端末の利用を前提とした生活，ビジネスを普及させる ＝ 普遍化させることに繋がっています。

　この携帯端末等 ICT の利用を前提にした生活・ビジネスの普遍化の過程では，プラットフォームを提供している企業がそれを利用する生活やビジネス全体への影響力を著しく強めるという現象も生じています。その結果，巨大化した企業により高品質のモノやサービスの提供が世界的に標準化され効

率化が進む一方で画一化も進んでおり，人々がグローバル化を巨大企業によ
る地域特性などを無視した画一化として認識する要因にもなっています。

　グローバル化における世界普遍化のもう1つの例としては，経済発展のマ
イナス面として認識されている地球環境問題を挙げることができるでしょ
う。これまで見てきた通り，グローバル化時代の世界はブロック内での経済
的な統合を深化させ発展を実現してきましたが，同時に二酸化炭素などの温
室効果ガスや微小粒子状物質（PM2.5）などの大気汚染物質，プラスチッ
クごみなどの海洋汚染物質を大量に大気中，海洋に放出してきました。経済
発展の進展は一様ではないため，これら汚染物質の排出も世界で一様ではな
いのですが，経済活動は地球上という限られた系の中で行われており，大気
も海水も対流しているため環境汚染や気候変動の影響は世界全体に広がって
います。地球環境問題の詳細については本章の範囲を超えるので紹介のみに
とどめますが，このようにそれぞれのブロックで異なるレベルで発生した事
象の結果が世界全体に一様に降りかかるという形での世界普遍化ということ
も生じています。

4．グローカルとは？

　本章の最初に触れた通り，グローバル化に伴って，グローバル化時代の
ローカルな問題に対応するグローカルという言葉も広がっています。グロー
バル化時代にローカルな問題に焦点を当てるとはどのようなことなのでしょ
うか？

　これまで見てきた通り，グローバル化とは私たちの経済活動がローカルな
エリアをはるかに超えた広域的なネットワークにリンクして行われるように
なっていることや生活・ビジネスにおける一種の世界普遍化の動きが形成，
強化されていることを意味しています。この動きは非常に強力でICTの発
達による情報処理能力の大幅な向上や地域サプライチェーンネットワークの
構築による効率化にグローバル化以前の方法を固守して対抗することは難し
いでしょう。また，グローバル化はそれぞれに個別，個性的な性格を持つ

ローカルな経済活動を圧迫し画一化されたモノ・サービスの提供に置き換え
る動きでもあるため，それまで個別にローカルな個性を反映して生産，消費
されていたモノやサービスが失われてしまう恐れもあります。

　一方で生産とは新たな価値である付加価値を生み出すことなので，画一化
されたモノやサービスに対して何らかの違いを作り出す（＝ 差別化する）
ことが重要です。ローカルな個性とは，それ自体が他との違いを生み出して
いるので，グローバル化という普遍化の大きな枠組みの中でその個性を使っ
て付加価値を生み出すことができれば，個別のローカルな生活にとって必要
なモノやサービスを失うことなくグローバル化のもたらす発展のメリットを
取り入れることができる可能性があります。グローカルとはこのようにロー
カルな個性を付加価値に変える試みと考えることができるでしょう。

　これを日本での現状から考えてみましょう。日本では人口高齢化が進み，
山間部を中心に過疎化によりコミュニティの存続が難しくなっている自治体
が多数存在しています。そうした自治体ではこれまでローカルに育まれてき
た文化や生活があるので，こうしたコミュニティが無くなってしまえばその
独自文化や生活も同時に消滅してしまうでしょう。このような危機に対して
工場誘致などにより雇用を生み出して若い人を呼び込み人口を増やすことは
1 つの解決策と考えらえますが，その方法でもグローバル化の持つ普遍化の
力には対抗できないので，ローカルの独自性の消失を避けることは難しいと
考えられます。

　これに対して，ICT を活用してローカルなモノ，サービス，文化の売り
込みに加えてリモートワーカーによるイノベーション拠点の建設を試みてい
る自治体も存在しています。このケースでは工場誘致と異なり人口の大幅な
増加は見込めないので，さびれていた商店街が劇的に活性化するという変化
が起きることはないかもしれません。むしろローカルな経済規模の拡大では
なく，歴史，文化，自然環境などのローカルな個性を情報化して付加価値に
するリンクをグローバル化の中で構築するという試みです。さらに，地方の
高齢化，過疎化は日本だけでなく他の高所得国でも見られる現象であるた
め，日本の地方での試行錯誤から得られる経験と情報も高齢社会においてグ

ローバル化に伴う普遍化が取りこぼすローカルなモノ・サービスの提供を維持し発展させる新たなビジネスモデルとして付加価値につながる可能性もあります。

5．おわりに

　この章ではグローバル化とは何かという問いについて，経済的な側面から解説してきました。グローバル化とは私たちの経済活動，すなわち私たちが付加価値を生み出し市場で交換して消費する活動が地球規模化していることを意味しています。しかし，ここまで見てきた通り，過去数十年間に生じたグローバル化とは世界が単純に一体化しつつあるということではなく，地域ブロック，所得ブロック内で経済活動の関係を強化すること，ICT のプラットフォームを利用した生活，ビジネスの世界普遍化が進むことが組み合わさった複雑な形で進行してきました。

　今日，こうしたグローバル化の進展に対しては国際的および国内的な格差を拡大させる要因になっていることや地球規模の環境問題を悪化させているという批判が強まっています。効率性に基づく経済的なグローバル化が平等性や環境を犠牲にしてきたという主張には一定の合理性があり，グローバル化の在り方について見直す動きに説得力を与えるでしょう。また，政治的対立が経済ブロックの構成や経済ブロック間の関係を変える可能性もあります。

　そのため，今後のグローバル化の行方について考えるには，経済のブロック化とブロック間の関係について事実に基づいて客観的で合理的な予測を立てることが必要であり，ICT をプラットフォームにした普遍化の下で付加価値を生み出すイノベーションについて考察することが求められています。

第 13 章

為替レートと国際通貨制度

1．私たちの生活と為替レート

　本章では，「為替レートと国際通貨制度」というテーマを扱います。これだけを見ると，国際経済，世界経済，グローバル化，といったキーワードが思い浮かびますが，為替レートや国際通貨制度は，私たちの身近な生活とはあまり関わりがないものでしょうか。

　私たちの生活を考えてみると，衣（着るもの），食（食べるもの），住（住むところ）が必要であり，現在では，スマートフォンやゲームなど頻繁に使うものも必需品であると考えることができます。これらの商品は，私たちが自分で1から作っているものはほとんどありません。今朝食べたごはんも，農家の人たちがお米を生産し，精米されたお米をお店などから購入して，皆さんが，あるいは皆さんのお母さんやお父さんが炊いてくれたものということですから，私たちは生活のほとんどを誰かに頼っているということになります。また，皆さんがお仕事を始めれば，そのお仕事を通して，多くの人の生活を支えます。経済とは，多くの人に支えられ，自分も多くの人を支えるという「相互依存」によって成り立っているということができます。

　さて，私たちの生活の中で，「為替レート（外国為替相場）」を見る機会はあるでしょうか。パッと思いつくのは，テレビのニュースの終わりに出てくる，「本日の東京外国為替市場の終値は，1ドル〇〇円…」という説明かと思います。新聞をよく読まれる方は，新聞を通してこの情報を目にするかもしれません。目にする，という点では，ニュースや新聞という手段が圧倒的

に多いでしょう。

　しかしながら，実際には，為替レートはもっと私たちの身近なところに関わっています。例えば，皆さんのご自宅の食卓に並ぶ牛肉は，日本国内で生産されているものもありますが，アメリカやオーストラリアなど海外で生産されて，日本が輸入するものも多くあります。アメリカから日本が牛肉を輸入する場合，その支払いは一般的にドルで行われます。日本国内では円が使われていますので，ドルで支払うためには「円をドルに交換する」ことが必要になります。この円とドルの交換比率が「為替レート（円ドル為替レート）」です。

　この円とドルの交換比率は，ここ50年ほど，「変動レート制」という制度に従って決まっています。この制度を簡単に説明すると，円を売ってドルを買いたい人と，ドルを売って円を買いたい人のバランスで，為替レートが決まるというものです。ドルを買いたい人の方が多ければ，ドルは円に対して高くなりますし，ドルを売りたい人の方が多ければ，ドルは円に対して安くなります。買う理由，売る理由はさまざまですが，このバランスで，円ドル為替レートは日々，変動しています。

　私たちの身近な生活の中で，ほかに為替レートと関わっているものはあるでしょうか。最近では，日本と外国との間の移動が難しい状況が続いていましたが，海外旅行も，為替レートが大きく関わってくるものと考えることができます。ある海外旅行パックが1,000ドルの費用がかかるものとします。皆さんがこのパックで海外旅行に行くとき，1,000ドルを支払わなくてはならないので，手持ちの円をドルに交換します。このとき，円がドルに対して安くなる場合（円安ドル高になると言います）と，円がドルに対して高くなる場合（円高ドル安になると言います）で，皆さんが負担する費用が違ってきます。例えば，1ドル100円の場合，10万円で1,000ドルと交換できますが，1ドル120円になると，1,000ドルと交換するのに12万円が必要になります。

　為替レートの変化は，以上のように負担する費用に影響を及ぼすので，海外から原材料を買う企業やお店，海外に商品を売る企業やお店は，この為替

レートの変化に敏感に対応する必要が出てきます。

　本章では，このような為替レートという概念が，皆さんにとってもっと身近なものになることを目標として，この後の節では，大きく4つに分けて説明を行います。

　第2節では，まず為替レートに関する基本的な知識として，為替レートとは何か，そして，為替レートを変化させる要因について具体例を示しながら説明を行います。

　第3節では，第2節に引き続き為替レートに関する基本的な知識として，為替レートの変化が経済に対して，特に企業やお店に対してどのような影響を及ぼすかについて，具体例を示しながら説明を行います。

　第4節では，為替レートの中でも特に円ドル為替レートに注目して，ここ数十年の為替レートの変化について説明を行います。為替レートの歴史を学ぶようなイメージで，経済事象と為替レートのつながりを学びましょう。

　第5節では，基本的な知識と為替レートの歴史を学んだその先のステップとして，為替レートに大きく影響を及ぼす人たちについて説明を行います。第6節は，本章のまとめです。

　以上の構成で，為替レートと国際通貨制度に関する説明を進めていきます。皆さんにとって，為替レートがさらに身近なものになるように，一緒に取り組んでいきましょう。

2．為替レートに関する基本的な知識〔1〕

　本節では，為替レートを知る，ということを目標にして，為替レートに関する基本的な知識を学んでいきましょう。

　まず，為替レートの「為替」という言葉を確認しておきましょう。為替とは，遠距離間の現金の移動がないようにするシステムのことです。日本では，江戸時代の両替商が江戸や大坂の取引をとりまとめることで，この為替のシステムを活用していたとされています。現在では，銀行などの金融機関の仲介によって，お金の支払いや受け取りを行うこと，ということになりま

す。そして，外国とお金のやり取りを行うことを「外国為替」と言い，その
交換比率のことを「為替レート（外国為替相場）」と言います。

　次に，各国で使われている通貨は何でしょうか。日本で使われている通貨
は円ですね。また，外国で使われている通貨として有名なものには，アメリ
カのドル，それからヨーロッパ（ユーロ圏）のユーロがあります。中国の人
民元，韓国のウォンなどを知っている人もいるでしょう。世界各国には，こ
こで挙げたものを含め，100種類以上の通貨があります。

　ところで，2022年9月30日の為替レートは以下の通りです（日本銀行
「外国為替市況」による）。

　　　円ドル為替レート　　（1ドル）　　144.31−33（円）
　　　円ユーロ為替レート（1ユーロ）　　141.89−93（円）

2つの数字が出ていますが，これはインターバンク（銀行間）市場でのドル
およびユーロの買い値（左側：ビッドレートと言います）と，ドルおよび
ユーロの売り値（右側：オファーレートと言います）になります。1ドル
144.31円というのは，1ドルを144.31円と交換できるということ，1ユー
ロ141.89円というのは，1ユーロを141.89円と交換できるということを意
味します。また，この表記の仕方を「円建て」と言います。1ドルと1ユー
ロの価格が，円でいくらであるかという書き方ということです。

　　　「1ドル144.31円」「1ユーロ141.89円」　⇒　円建て

　以上の円とドル，円とユーロの為替レートは，いつも同じレートではあり
ません。日本は現在，「変動レート制」という為替レート制度を採用してい
るので，これらの為替レートはさまざまな要因によって変動することになり
ます。

　それでは，どのような要因で，為替レートは変動するのでしょうか。ま
た，どのように変動するのでしょうか。簡単な具体例を見ていきましょう。

2-1　私たちがアメリカに旅行に行くとき

　例えば，私たちがアメリカに海外旅行に行くとします。アメリカで過ごすために，ドルが必要になりますので，円をドルに交換することになります。現在，1ドル100円であるとすると，円を売ってドルを買うことで，売られた円の価値が下がり，購入されたドルの価値が上がって，1ドル101円の方向へと動きます。

2-2　A企業がアメリカから牛肉を輸入するとき

　例えば，A企業がアメリカから牛肉を輸入するとします。この支払いをドルで行うという契約をしているとすると，A企業は支払いのために，ドルを準備しなければなりません。従って，円をドルに交換しておくことが必要になります。2-1と同じように，現在，1ドル100円であるとすると，円を売ってドルを買うことで，売られた円の価値が下がり，購入されたドルの価値が上がって，1ドル101円の方向へと動きます。

　2-1，2-2のように為替レートが動く場合，一般的に「円安ドル高になる」と言われます。1ドルの価格がいくらになったか，という感じで考えると100円よりも101円の方が，ドルが高くなっていますね。2つの通貨の関係なので，一方の通貨の価値が上がれば，もう一方の通貨の価値は下がっていますが，円が安くなったかどうかを確認したい場合は，以下のように「ドル建て」の表記に直してみると，1円の価値が確かに下がっていることがわかります。

　　「円安ドル高になる」
　　1ドル100円　⇒　1ドル101円　（円建て）
　　1円1／100ドル　⇒　1円1／101ドル　（ドル建て）

2-3　私たちがアメリカ旅行から帰ってくるとき

　次に，私たちがアメリカ旅行から帰ってくるとします。日本での生活のた

めに，不要なドルを売りますので，ドルを円に交換することになります。現在，1ドル105円であるとすると，ドルを売って円を買うことで，売られたドルの価値が下がり，購入された円の価値が上がって，1ドル104円の方向へ動きます。

2-4　B企業がアメリカに自動車を輸出するとき

ここでは，B企業がアメリカに自動車を輸出するとします。受け取りをドルで行う契約をしているとすると，B企業は日本国内で働いている社員に支払う給料などのために，ドルを円に交換しておくことが必要になります。2-3と同じように，現在，1ドル105円であるとすると，ドルを売って円を買うことで，売られたドルの価値が下がり，購入された円の価値が上がって，1ドル104円の方向へと動きます。

2-3，2-4のように為替レートが動く場合，一般的に「円高ドル安になる」と言われます。1ドルの価格がいくらになったか，という感じで考えると105円よりも104円の方が，ドルが安くなっていますね。先と同様に，2つの通貨の関係なので，一方の通貨の価値が下がれば，もう一方の通貨の価値は上がっていますが，円が高くなったかどうかを確認したい場合は，「ドル建て」の表記に直してみると，1円の価値が確かに上がっていることがわかります。

「円高ドル安になる」
1ドル105円　⇒　1ドル104円　（円建て）
1円1／105ドル　⇒　1円1／104ドル　（ドル建て）

3．為替レートに関する基本的な知識〔2〕

2022年9月，円ドル為替レートは，1ドル140円台となり，日本経済への影響が危惧されるようになりました。第2節で見た「円安ドル高になる」

「円高ドル安になる」という為替レートの動きは，経済に対してどのような影響を及ぼすのでしょうか。ここでは，特にお店や企業という観点から，為替レートの変化の影響を見ていきたいと思います。

3-1　イタリアから材料の仕入れを行うイタリアンのお店

　ここでは，イタリアからスパゲッティやピザの材料を仕入れている，日本国内のイタリアンのお店を考えます。イタリアで使われている通貨はユーロですので，お店が支払いを行う通貨はユーロという契約がされているものとします。

　材料全体の仕入れ金額は，10,000ユーロであるとします。ここでは，為替レートの影響をわかりやすくするため，円ユーロについて2つの為替レートを比較することにします。なお，大幅に為替レートが変動する場合のリスクを避ける方法については，3-3で説明を行います。

　材料を仕入れるための金額は10,000ユーロになりますので，外国為替市場で円をユーロに交換して，この金額を用意する必要があります。ここで，例えば，1ユーロ120円の場合と1ユーロ140円の場合で，支払いを行うためのユーロに交換するのに必要な円の金額はどのようになるでしょうか。

　　〔1ユーロ120円の場合〕10,000（ユーロ）×120＝1,200,000（円）
　　〔1ユーロ140円の場合〕10,000（ユーロ）×140＝1,400,000（円）

　以上の計算からは，ユーロに対して円安方向（1ユーロ120円から1ユーロ140円）に動いてくると，ユーロとの交換に必要となる円が多くなることがわかります。ここから，他に仕入れ価格を高くする要因，例えば気候の影響で生産量が減少する，というような要因などがまったくなくても，為替レートが円安方向に変化するだけで，仕入れのコストが高くなる可能性があるのです。

3-2　Ｃ企業がドイツに機械製品を輸出するとき

　次に，Ｃ企業がドイツに機械製品の輸出を行っているとき，為替レートの変化が企業の収益にどのような影響を及ぼすかを見てみましょう。

　Ｃ企業は，機械製品をドイツに対して輸出することで，100万ユーロを受け取る契約を行っているとします。ここでも，為替レートの影響を明確に示すため，円ユーロについて２つの為替レートを比較することにします。

　機械製品をドイツの企業に納品して受け取る金額は100万ユーロになりますが，日本国内で働いている社員の給料などに充てるため外国為替市場でユーロを円に交換するとします。3-1と同じく，１ユーロ120円の場合と１ユーロ140円の場合で，受け取ったユーロを円に交換するといくらになるでしょうか。

　　〔１ユーロ120円の場合〕100万（ユーロ）×120
　　　　　　　　　　　　　　　　　＝１億2,000万（円）
　　〔１ユーロ140円の場合〕100万（ユーロ）×140
　　　　　　　　　　　　　　　　　＝１億4,000万（円）

　以上の計算からは，ユーロに対して円安方向（１ユーロ120円から１ユーロ140円）に動いてくると，受け取ったユーロを円に交換したときの金額が大きくなることがわかります。外国に輸出を行う企業にとって，為替レートが円安になることにはメリットがあるのです。

　まとめとして，3-1では，原材料を外国から輸入する場合，円安になると（円での）コストが増加することがわかりました。また，3-2では，完成品を外国に輸出する場合，円安なら，受け取ったユーロを円に交換すると（円での）収入が増えることがわかりました。ちなみに円高の場合は，以上の例とは反対の効果が生まれます。

　したがって，円安（あるいは円高）になることは，プラスとマイナスの側面を持ち合わせていることになります。

3-3　C 企業が為替レートの変化を予想する場合の対応

　ここで，機械製品をドイツに輸出する C 企業が，将来の為替レートの変化を予想して，それに対応する具体例を考えてみましょう。

　C 企業は，9 月 1 日にドイツの D 企業に機械製品を納め，3 か月後の 12 月 1 日に，3-2 の例で示した 100 万ユーロを受け取るとします。9 月 1 日時点の円ユーロ為替レートは 1 ドル 140 円で，この時点でユーロが手に入れば，円での収入は以下のようになります。

　　　〔1 ユーロ 140 円の場合〕100 万（ユーロ）×140
　　　　　　　　　　　　　　　　　　　　　＝1 億 4,000 万（円）

　しかしながら，ユーロを受け取る期日は 12 月 1 日です。現在，円ユーロ為替レートには円高ユーロ安の傾向が見られており，3 か月後には 1 ユーロ 120 円になると予想した C 企業は，「為替予約」を行って，円ユーロ為替レートが大幅に円高になるリスクを避けることにしました。もし，本当に 1 ユーロ 120 円になると，円での収入は以下のように大きく減ってしまいます。

　　　〔1 ユーロ 120 円の場合〕100 万（ユーロ）×120
　　　　　　　　　　　　　　　　　　　　　＝1 億 2,000 万（円）

そこで，機械製品を D 企業に納めた 9 月 1 日に，C 企業は 12 月 1 日を受渡日とする 100 万ユーロのユーロ売り為替予約を，銀行が提示する先物レート 1 ユーロ 130 円で契約しました。そして，12 月 1 日，円ユーロ為替レートは，予想通り 1 ユーロ 120 円になりましたが，C 企業は為替予約を行っていたので，受取額は以下のようになり，何もしなかった場合と比べて，1,000 万円の損失を防ぐことができました。

　　　〔1 ユーロ 130 円で為替予約〕100 万（ユーロ）×130
　　　　　　　　　　　　　　　　　　　　　＝1 億 3,000 万（円）

　以上のように，外国に製品を輸出する企業は，将来円高が進むことによる（円での）受取額の減少を防ぐために，為替予約を行います。また，外国から製品を輸入する企業は，将来円安が進むことによる（円での）支払額の増加を防ぐために，為替予約を行います。

　ここまで見てくると，実は為替レートの動き方によって，為替予約をしない方が得になる場合があることもわかります。それでも，企業が為替予約を行うのは，為替レートが変動することによるリスクをできるだけ避ける方が，企業の資金繰りを安定させることができ，また事業計画をスムーズに進めることができるからです。

4．円ドル為替レートの推移

　第2節，第3節では，為替レートに関する基本的な知識を学びました。本節では，少し長めの期間をとって，円ドル為替レートの推移を見ていきます。図 13-1 は，1971 年から 2021 年までの円ドル為替レートの推移を示したものです。

　数十年という期間で見ると，現在の円ドル為替レートは，かなり円高になってきていることがわかります。

　ここでは最初に，1971 年以前の為替レート制度を説明します。第二次世界大戦中，1944 年に「ブレトン・ウッズ体制」が導入され，当時世界で最も経済力のあったアメリカが，金1オンス＝35 ドルの交換比率でドルと金との交換を保証することで，各国の通貨とドルの為替レートが固定されることになりました。

　日本は，1949 年4月に，正式にこの固定レート制を採用し，円とドルの為替レートは「1ドル 360 円」に設定されました。

　1971 年8月，アメリカのニクソン大統領は，ドルと金との交換停止を発表し（ニクソン・ショック），各国は新しい為替レート制度を設定しなければならなくなりました。同年 12 月，アメリカのワシントンにあるスミソニアン博物館で新しい国際通貨制度を検討する国際会議が開かれ，円ドルレー

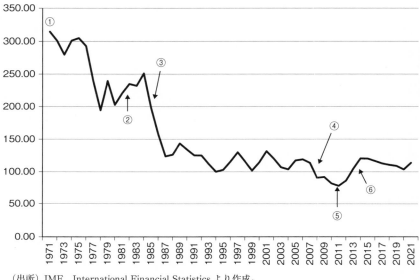

図13-1　円ドル為替レートの推移（1971年〜2021年，年末値）

（出所）IMF　International Financial Statistics より作成。

トは1ドル360円から1ドル308円に変更となり，ドルの価値が切り下げられることになりました（図13-1の①）。

　その後，1973年に，日本を含む先進国は「変動レート制」に移行し，日本はそれ以来，現在までこの制度を採用しています。この変動レート制は，基本的に円を売ってドルを買いたい人と，ドルを売って円を買いたい人とのバランスで為替レートが決まる制度です。

　この制度が導入された当初は，アメリカが貿易赤字，日本が貿易黒字で，黒字であればドルの受け取りが増えるので，そのドルを円に交換することで為替レートが円高になって黒字が減少し，日米の黒字と赤字の不均衡は解消されると考えられていました。

　1973年に変動レート制が導入されてから，円ドル為替レートは円高ドル安の方向で動いていきますが，1980年代初めから，アメリカの双子の赤字（財政赤字と貿易赤字）による債務の増加のために，円ドル為替レートは円

安ドル高方向に動いていきます（図13-1の②）。日米の貿易不均衡の解消のため，また，外国為替市場が不安定になることによる世界経済への悪影響を避けるため，1985年9月にニューヨークのプラザホテルで，日本，アメリカ，イギリス，ドイツ，フランスの財務相・中央銀行総裁による国際会議が開かれ，ドル安への協調介入を行うことが合意されました。この合意を「プラザ合意」と言います。

　プラザ合意の内容が世界に公表されると，この後，円高ドル安になると予想されることから，高くなる円を持っておく方がよいということで，外国為替市場ではドルを売って円を買う動きが進みました（図13-1の③）。

　21世紀に入ると，2008年の「リーマン・ショック」の影響で，円高ドル安が進みます（図13-1の④）。円高の傾向はその後も続き，2011年10月には，一時1ドル75円32銭を記録しました（図13-1の⑤）。

　その後，安倍晋三首相による「アベノミクス」と称される経済政策（大胆な金融政策・機動的な財政政策・民間投資を喚起する成長戦略）の下，2013年3月に就任した黒田東彦日本銀行総裁が「異次元緩和」という大規模な金融緩和政策を打ち出したことにより，円安ドル高が進みました（図13-1の⑥）。

5. 為替レートに強い影響力を持つ人たち

　本章では，第2節，第3節で，為替レートに関する基本的な知識を学び，第4節で，円ドル為替レートの50年ほどの動きを，国際通貨制度の変遷および経済事象の簡単な説明と合わせて紹介しました。本節では，為替レートに対して強い影響力を持つ人たちを説明します。

　第12章の図12-3には，世界全体での外国為替市場の商品別取引高について，その推移が示されました。1989年の5,392億ドルから，2019年には6兆5,955億ドルと，外国為替市場での取引は，30年で12.2倍に急拡大していることがわかりました。

　外国為替市場には，貿易取引などの実物経済の活動に必要な外国為替取引を行う「実需筋」という人たちと，為替差益を得るために短期的に外国為替

取引を行う「資本筋」という人たちがいます。それでは，外国為替市場におけるプレイヤーとして，為替レートに強い影響力を持っているのは，どのような人たちなのでしょうか。

　その1人は，資本筋の中心となっている「機関投資家」です。機関投資家とは，資金の運用を専門に行う企業や団体のことですが，具体的には，銀行，生命保険会社，損害保険会社，投資信託，ヘッジファンド，年金基金などのことを指します。

　銀行は，輸出や輸入を行う企業の外国為替取引を取り次ぐだけではなく，その銀行の為替ディーラーが為替差益を目的に，積極的な通貨の売買を行っています。また，生命保険会社や損害保険会社，年金基金は，顧客から預かった保険料，掛金を運用することで，保険金や年金の支払いに充てます。海外の株式や債券，不動産などさまざまな資産で運用を行う投資信託や，投資家から資金を集めて積極的な投資を行うヘッジファンドも，為替レートに大きな影響力を持ちます。

　そして，もう1人，為替レートに大きい影響を及ぼすことができるのが「日本銀行」です。正確に言うと，日本銀行の金融政策になります。金融政策とは，物価や通貨価値を安定させるためにとられる金融面での経済政策のことを言います。為替レートは，各国通貨の交換比率なので，日本の金融政策と海外の主要各国の金融政策とのバランスに大きく影響を受けることになります。

　ここでは，「政策金利」の調整について簡単に触れておきます。政策金利は，景気が過熱している場合は引き上げられ，景気が後退している場合は引き下げられます。図13-1の④では，リーマン・ショックの後，主要各国が経済の停滞を防ぐため政策金利の引き下げを行ったことから，円高ドル安が進みました。

　それでは，なぜここで円高ドル安が進んだのでしょうか。それまで日本に比べると高かったアメリカの政策金利が，リーマン・ショックをきっかけにかなり引き下げられました。投資をする側からすれば，アメリカに投資する魅力が低下したことになり，ドルを売って円を買う行動が進み，円高ドル安

になりました。逆に，2022年9月現在のようにアメリカの政策金利が高く
なり，日本との金利差が拡大すると，円を売ってドルを買う行動が進み，円
安ドル高になっていきます。

　2022年9月の円安の進行は，その後，日本銀行による外国為替市場介入
という政策を採らせることになりました。急激な円安が進行している場合，
財務大臣の判断によって，日本銀行は外国為替市場において「円買い・ドル
売り」の介入を行います。この政策によって，為替レートを円高ドル安方向
に動かそうとするのです。

　ここでは，政府や日本銀行による政策が，また日本銀行による金融政策の発
表などが為替レートに大きく影響していることを覚えておくとよいでしょう。

6．まとめ

　本章では，「為替レート」という概念が，皆さんにとってもっと身近なも
のになることを目標として説明を行いました。

　為替レートに関する基本的な知識として，為替レートとは何か，為替レー
トを変化させる要因，また為替レートの変化が企業やお店に及ぼす影響につ
いて理解は進んだでしょうか。

　さらに，ここ50年ほどの円ドル為替レートの推移と経済事象とのつなが
りに興味を持つことができたでしょうか。

　第4節までの基本的な知識を学んだ上で，第5節の為替レートに大きく影
響を及ぼす人たちの説明を読んでみると，もっと深く学んでみたいという意
欲が出てくるのではないかと思います。

　ぜひ，本章をきっかけとして，国際経済学の金融分野（国際金融論・国際
マクロ経済学）を勉強してみてください。

参考文献
上野泰也　編著（2018）『No.1エコノミストが書いた世界一わかりやすい為替の本』かんき出版
尾河眞樹（2017）『〈新版〉本当にわかる為替相場』日本実業出版社

第 14 章

観光経済とくらし

1．はじめに

　この章では前章で学んだ外国為替相場に関する学習をふまえ，国際収支表の構造を学び，日本の国際収支の中でも経常収支を概観したうえで，日本の観光経済，特にその観光政策の展開といわゆるインバウンド需要の経済効果がいかに大きかったかを見ていきます。その一方で，これはあくまでごく一部の観光地についてですが，あまりにも観光客がたくさん訪れるため，道にごみがあふれたり，バスや電車などの利用客が増えたり，外国人との異文化摩擦が発生したりすることで住民の日常生活に大きな不便が発生するというオーバーツーリズムと呼ばれる現象も発生しています。本章では，事例として著者が住んでいる京都市について報告し，その問題点と解決策を考えたいと思います。

2．国際経済と観光

2-1　国際収支表の構造

　国際収支（balance of payment）とは，一定の期間におけるある国・地域の居住者と非居住者との間の経済取引に関する収支（受取と支払）を記した表のことです。ある国や地域の居住者とはその国内や域内に経済活動の本拠地を置く個人や法人のことを指し，個人の場合，滞在期間が１年以上であればその国・地域の居住者，１年未満であれば非居住者となります。国内に存

在する外国企業の国内支店や子会社，外国の大使館，領事館，派遣軍隊，その他外国政府の出先機関は居住者となります。

　国際収支表は経常収支，資本移転等収支，金融収支そして誤差脱漏から構成されます。財務省によれば，経常収支とは金融収支に計上される取引以外の，居住者・非居住者間で債権・債務の移動を伴うすべての取引の収支状況，資本移転等収支とは対価の受領を伴わない固定資産の提供，債務免除のほか，非生産・非金融資産の取得処分等の収支状況，金融収支とは金融資産にかかる居住者と非居住者間の債権・債務の移動を伴う取引の収支状況のことです。また，誤差脱漏とは統計上の不突合のことです。

2-2　日本の経常収支，貿易・サービス収支と国際観光

　ここでは日本政府がなぜ21世紀に入って観光政策に力を入れ始め，それを加速化していったのかを考えるにあたり，まず日本の経常収支と，その中でも財の輸出入に関する貿易収支の推移を見ておきましょう。

　経常収支は貿易・サービス収支，第一次所得収支，第二次所得収支の3つの収支から構成されています。日本は長年にわたって経常収支の黒字を記録しています。経常収支が黒字ということは国際的な取引を通じて日本から海外に流出する所得よりも海外から日本に流入する所得が多いということです。図14-1には1996年以降の日本の経常収支と貿易収支が示されています。リーマンショックが世界経済を襲った2008年とその翌年の2009年，日本の経常収支は大きく減少します。2010年は世界経済の回復に伴い，経常収支黒字は再び増加しますが，東日本大震災と東北地方を襲った津波が発生した2011年以降2014年まで，経常収支の黒字は大幅に減少していきます。

　貿易・サービス収支については，まず図14-1で1996年以降の日本の貿易収支から見ておきましょう。かつて日本は貿易大国として国際競争力のある自動車や家電製品などの財を海外に輸出して貿易収支も黒字を記録し続けていました。1990年代後半に入り，アメリカではIT革命が進行し，経済成長と株高が続きます。「強いドル」政策は円安をよび，貿易収支黒字も拡大しました。1999年までは経常収支黒字と貿易収支黒字の差は小さく，しかも

図 14-1　日本の経常収支と貿易収支

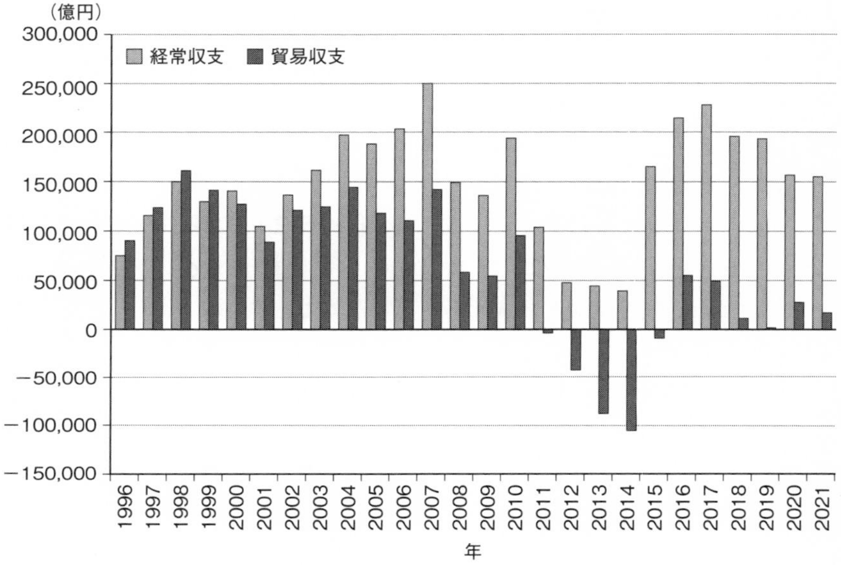

（億円）

（出所）財務省「国際収支の推移」

　後者が前者を上回っていました。2000 年代に入ると経常収支黒字が貿易収支黒字を上回るようになり，その後両者の差が拡大していきます。この頃，すでに中国は「世界の工場」と呼ばれるようになり，日本の対中輸入が増え，貿易収支黒字が減少していきました。実は 1990 年代半ばに日本は「超円高」時代を迎え，製造業が海外，中でも特に中国に生産拠点を移し始め，海外で生産して日本に輸入する財が増えていきました。この流れは 2000 年代に入っても変わりませんでした。その後アメリカ発の二度の世界同時不況とその回復を経て，2011 年から貿易収支はついに赤字を記録するようになりました。これは，東日本大震災と津波の影響で原子力発電所が停止し，原油など燃料の輸入が増えたことと円安により日本円での輸入額が大きく膨らんだことによるものです。このように 2000 年代半ば以降，日本では貿易収支が経常収支黒字にあまり貢献しなくなってきていたのです。つまり，貿易

図14-2　日本のサービス収支と旅行収支

（億円）

| | サービス収支 | 旅行収支 |

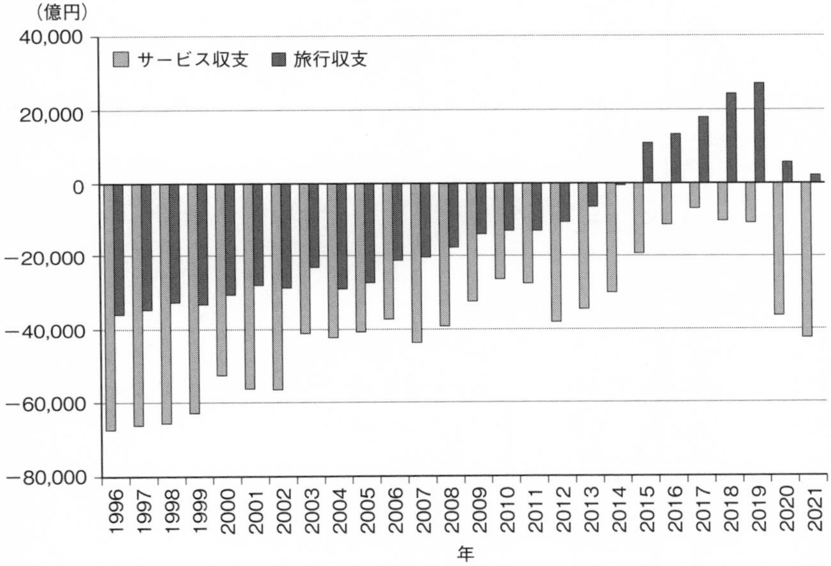

出所：財務省「国際収支の推移」

　で海外から所得を稼ぐことが難しくなってきていたということです。

　サービス収支は輸送収支，旅行収支，その他収支に分かれます。個人の国際観光に関連するのは航空機や船舶による渡航先への移動にかかわる輸送収支と，渡航先での飲食や宿泊などさまざまな消費にかかわる旅行収支です。旅行収支では，海外から日本を訪れた人が日本を旅行中に支払った宿泊費や飲食費などの金額が受取に，日本から海外を訪れた人たちが海外旅行中に支払った宿泊費や飲食費などの金額が支払に記録され，前者が後者を上回ると旅行収支は黒字になります。

　図 14-2 は日本のサービス収支と旅行収支の推移を示しています。2000 年代半ば以降，旅行収支の赤字は改善を続け，2015 年にはついに黒字を達成し，新型コロナウイルスの世界的感染拡大が起こる 2020 年の前年である 2019 年までその黒字は拡大しました。この動きはサービス収支赤字の改善

とほぼ同じで，サービス収支の改善が旅行収支の改善によるものであったことは明らかです。上で述べたように2005年以降，貿易収支黒字の経常収支黒字への貢献力は弱まっていきました。この旅行収支の改善を通じたサービス収支の改善が，海外から所得を稼げなくなってきていた貿易を補完するかのような動きに見えるのは筆者だけでしょうか。

3．日本の観光政策

3-1　日本の観光政策

　ここで日本政府による観光政策を見ておきましょう。日本政府が観光政策に乗り出したのは21世紀になってからです。2003年1月，当時の小泉純一郎首相が「観光立国懇談会」を主宰し，同年4月に「ビジット・ジャパン事業」が開始されました。法律の面では2008年1月に観光立国推進基本法が施行され，ここで観光は21世紀における日本の重要な国家戦略として位置づけられることになりました。国際競争力の高い魅力ある観光地の形成，観光産業の国際競争力の強化および観光の振興に寄与する人材の育成，国際観光の振興，観光旅行の促進のための環境の整備に必要な施策がその基本的施策とされました。2008年11月には観光庁が設置されました。その後，2013年から2015年にわたって，「観光立国実現に向けたアクション・プログラム」が策定されました。2015年のアクション・プログラムでは訪日外国人旅行者数2000万人，さらには，その先の3000万人を実現するため，その観光の効果を地方にまで行きわたらせることを目指すことが示されました。

　さて，外国人観光客を増やすのに大きく貢献したのは観光ビザの発給もしくはその要件の緩和でした。2009年には中国の個人観光ビザの発給を開始し，2012年にはタイ，マレーシア，2013年にはインドネシア，フィリピンおよびベトナムをはじめ東南アジア諸国に対するビザ発給の要件が緩和されました。さらに2015年にはブラジル，モンゴルのビザ要件も緩和されました。

3-2 「観光立国」を目指した背景

　日本政府が本格的に「観光立国」を目指したと言えるのは第2次安倍晋三政権です。2013年，同政権は「日本再興戦略」の中でアベノミクスの第三の矢といわれる成長戦略の1つに観光立国推進政策を位置づけ，日本の観光の国際競争力強化を図り，インバウンド需要を取り込むことで日本経済を活性化しようとしていきます

　その背景には，1990年代初に「平成バブル経済」が崩壊して以降も日本経済が「超円高」不況，金融システム不安とアジア通貨危機を経験し，長期低迷期に入ったことが挙げられます。また，少子高齢化の進展は経済成長の制約として作用しつつありました。日本経済は2000年代に入って日本経済は経済成長を取り戻しましたがそれは生活者にとっては実感のない経済成長でした。上で見たように，2011年には東日本大震災で経済活動は縮小し，燃料の輸入額が増加して5年間にわたって貿易収支が赤字化し，東北の復興とともに，すでに貿易ではなかなか海外から所得を稼げなくなっていた日本経済をどう立て直すかが日本政府の大きな課題となっていました。加えて，人口減少時代を迎えた日本では減りゆく定住者人口の消費をいかにして補うかも課題となっていました。所得水準が上がったアジアを中心とする途上国の人たちを観光で日本に呼び込み，消費してもらおう――政府がそう考えたとしても不思議ではないでしょう。実際，上で示した観光ビザ発給緩和の対象となった国名を見てもらえれば納得できるのではないでしょうか。

4．日本の観光経済

4-1 観光客と観光産業

　第4節では日本の観光経済について概観します。まず観光客と観光産業の定義を示しておきましょう。

　日本の観光客とは，日本在住の観光客に訪日観光客を加えた観光客全体を指します。訪日観光客には観光目的で入国する日本人（仕事などで海外に滞在している日本人）も含まれるので訪日観光客といっても観光目的に日本を

表 14-1　観光産業における雇用

年	観光業全体		飲食店		宿泊業	
	就業者数	雇用者数	就業者数	雇用者数	就業者数	雇用者数
2005	461	398	119	98	45	37
2017	648	577	351	294	61	57
伸び率	40.6%	45.0%	195.0%	200.0%	35.6%	54.1%

出所：観光庁「旅行・観光サテライト勘定（TSA：Tourism Satelite Account）」2005年
版および2017年版

訪れた外国人だけではありません。いわゆるインバウンドは国境を超えて日本に入国する人たちのことで，細かく言えばビジネス目的で入国し，観光をせずに帰国する外国人や海外から入国する日本人も含まれます。ビジネスで日本に来たついでに観光して帰国する外国人や日本人もいますが，大部分は「海外から日本に観光に来た外国人」ですので本章ではそのような意味で使用しています。

　次に観光産業ですが，観光庁「旅行・観光サテライト勘定2017年版」では「観光産業」を宿泊業，別荘，飲食業，鉄道旅客輸送，道路旅客輸送，水運，航空輸送，その他の運輸業，スポーツ・娯楽業としています。表14-1には観光産業における就業者と雇用者数が示されています。2017年の就業者数，雇用者数とも最多は飲食業（「その他産業」を除く），2005年からほぼ3倍に伸びています。

4-2　外国人観光客数とその観光消費額

　ここで訪日外国人観光客数の推移を見ておきましょう。それは図14-3に示されています。東日本大震災翌年の2012年から新型コロナウイルス感染者数が世界的に増加した2020年の前年である2019年までは対前年比で増加が続いていました。その数はすでに3,188万人を超えています。では，なぜ外国人観光客がここまで増えたのでしょうか。

　比較的距離が近いアジア諸国から日本までの航空運賃はもともと欧米諸国から日本に来る場合と比べて安く，加えて格安航空会社（LCC）も日本の空

図 14-3　訪日外国人観光客数の推移

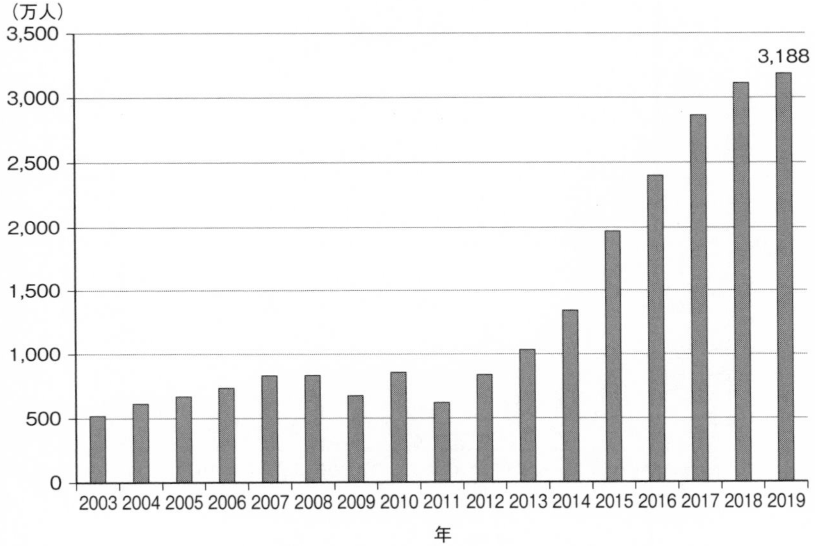

出所：日本政府観光局（JNTO）「月別・年別統計データ（訪日外国人・出国日本人）」

港に乗り入れるようになっていました。しかも当時，外国為替相場は円安
（海外から見れば自国通貨高）で相対的に価格が低下していました。中国を
はじめ近隣のアジア諸国も経済発展を遂げ，国民の所得水準が上昇していた
こともあり，日本への観光旅行は「お安い買い物」になっていました。その
結果，外国人観光客数は特に2011年の東日本大震災後に大きく増加します。
この急激な外国人観光客の増加は宿泊施設の供給不足を露呈することになり
ましたが，いわゆる「民泊」と呼ばれる簡易宿泊施設が新設され，客室数が
大幅に増加したことでより一層外国人観光客が増えることになりました。
　図 14-4 には外国人観光消費額が示されています。インバウンドの伸びに
合わせ，2012年からは対前年比で増加が続いており，2019年で約5兆
3,640億円となっています。

図14-4　外国人観光消費額

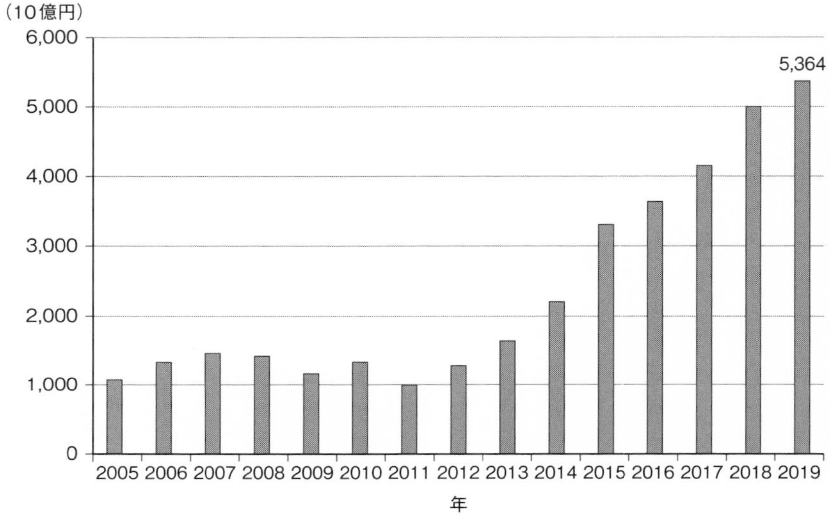

出所：観光庁「2019年版　旅行・観光サテライト勘定（TSA：Tourism Satellite Account）」

5．オーバーツーリズム

5-1　オーバーツーリズムとは何か

　実はオーバーツーリズムの定義は国連世界観光機関（UNWTO）でもまだ定まっていませんが，「著しく増加した観光客や観光事業者が地域の受け入れ可能な容量を超えて観光資源を過剰に使用したり，それにより地域住民の生活，生活様式が限度を超えた受け入れがたい負の影響を受けること」と言えるでしょう。

　このオーバーツーリズムですが，ヴェネツィア（イタリア），バルセロナ（スペイン），ベルリン（ドイツ）といった世界の有名な観光都市で観光名所に観光客が集中し，その騒音やごみの廃棄といったマナーの悪化や宿泊施設の急増による地価や家賃の高騰が住民の感情を悪化させ，住民から外国人観光客に対するあからさまな敵意が示されたり，反観光を訴えるデモが行われ

たりしています。

5-2　観光と市場の失敗

　経済学では，完全競争市場での需要者と供給者の自由な取引に任せておけば社会的にもっとも望ましい状態が達成されると考えられています。しかし，需要者と供給者が市場で取引をしたとしても，市場を通じないところで第三者に便益や，反対に費用負担といった損害を発生させることがあります。これは外部性，あるいは外部経済や外部効果とも呼ばれます。このうち悪影響が出る場合は負の外部性（外部不経済，負の外部効果）と呼ばれます。負の外部性は市場の失敗と呼ばれ，政府による介入が必要になることの根拠とされます。

　市場で取引される財の中には公共財と呼ばれる財があります。公共財は非競合性と非排除性から定義されます。ある需要者が拠出して財を購入し，利用（消費）したとしても他の需要者も利用できてしまうことを非競合性と呼びます。また，対価を支払って購入した需要者だけでなく，対価を支払わない需要者もその利用（消費）が妨げられない，つまり，ただ乗りできてしまうことを非排除性と呼びます。広義の公共財は非競合性と非排除性のいずれかを満たすことによって定義されます。このうち競合性と非排除性を持つ財はコモンプール財（資源）と呼ばれます。誰もが使用できますが，誰かが使用すれば他の誰かが利用しにくくなるという特性を持っており，その過剰利用により資源が枯渇してしまうことが問題となります。このような現象は「共有地の悲劇」と呼ばれ，やはり市場の失敗の1つとされます。

　観光について考えてみましょう。観光は非排除性（誰かが歩いた道や眺めた景色は他の人も歩け，眺めることが可能）を満たす公共財であり，「共有地」です。観光需要者と観光供給者による市場を通じた取引の結果，特定の観光地に観光客が殺到してオーバーツーリズムが発生することになれば観光客を受け入れる側の住民は日常生活に苦痛を覚えたり不満を抱えたりします。せっかく対価を支払って遠くから来たのに観光を断念する観光客も出てくるでしょう。オーバーツーリズムはまさに市場取引がもたらす市場の失敗

の典型例であると言えます。

5-3　京都市の観光経済とオーバーツーリズム

　オーバーツーリズムは日本の観光地でも発生しています。ただし，すべて
が把握されているわけでもなく，紹介されている書籍でも扱われたり扱われ
なかったりする観光地もあります。日本では京都（京都府），湯布院（大分
県），鎌倉（神奈川県）などが挙げられます。ここでは筆者が暮らし，働く
京都市について取り上げます。

　もともと京都市は日本を代表する観光地でした。インバウンドが急増した
2015 年以降，そのリズムに合わせるかのように京都市への外国人観光客数
も増加していき，宿泊施設の供給不足が問題となりました。そこで違法も含
めた民泊と 2016 年に規制が緩和された簡易宿泊施設が急増し，より多くの
観光客を呼び込むこととなりました。

　京都市が公表している「令和元年京都観光総合調査」では京都市の外国人
観光客数は示されていません。そこで同調査と観光庁「2019 年訪日外国人
観光消費動向調査」における「観光・レジャー」目的で入国した訪日外客数
とその京都府訪問率をもとに，京都府訪問者の全員が京都市を訪問している
と仮定して 2019 年に京都市を訪れた外国人観光客数を計算してみました。
その数は約 803 万人でした（一般財団法人アジア太平洋研究所『アジア太平
洋と関西　関西経済白書 2019』では 2018 年に京都市に滞在していた訪日外
国人は昼間（午前 10 時〜午後 6 時）で 1,587 万人，夜間（午前 2〜5 時）で
707 万人と試算されています）。日本人を合わせた 2019 年における京都市の
観光客数は 5,352 万人です。「令和元年京都観光総合調査」によれば 2019 年
に京都市を訪れた日本人および外国人の観光客の同市内での消費額は 1 兆
2,367 億円，京都市域への経済波及効果（生産波及効果）は 1 兆 3,569 億
円，その直接効果（観光消費額が市内産業の生産額に直接的に貢献する効
果）は 9,546 億円，雇用誘発効果は 15 万 3 千人に上ります。

　さて，日本人観光客と外国人観光客は京都市のどこを訪れているのでしょ
うか。2016〜2019 年の「京都観光総合調査」に記載されている日本人と外

図14-5　1日当たり観光客数の対人口比（倍数）

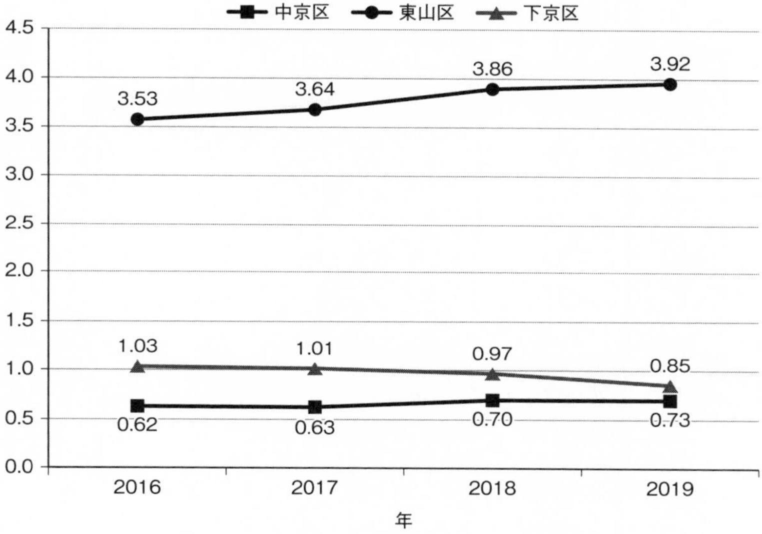

中京区　東山区　下京区

```
4.5

4.0                                    3.86      3.92

3.5        3.53        3.64

3.0

2.5

2.0

1.5

1.03        1.01        0.97
1.0                                             0.85

0.62        0.63        0.70       0.73
0.5

0.0
          2016        2017        2018       2019
                         年
```

出所：京都市『京都市観光総合調査』各年版，京都市『京都市統計月報』

国人の観光客が訪問した場所のランキング表とその訪問者数をもとに京都市の各区を訪れた観光客ののべ人数を算出してみました。その結果，上位3区は知恩院，清水寺，八坂神社といった寺社，花見小路（祇園）や円山公園がある東山区，東山区に隣接し，祇園祭の山鉾巡行が行われる四条通の北側に面し，有名な錦市場がある中京区，四条通の南側に面し，東寺やJR京都駅（北側）のある下京区です。区民人口に対する1日当たりの観光客数の比率は図14-5に示されています。3つの区の中では東山区が突出しており，2019年には4倍に迫ろうとしていました。下京区では人口とほぼ同じ人数が訪問していることになります。観光客の大部分が特定の場所と特定の時間帯に集中することにより，京都市では道路，市バス，地下鉄，飲食店はかなり混雑し，ホテルの宿泊料金も高騰しました。京都市の場合は特にバスが市民の足となっていますが，乗客で満杯になったためバスに乗れない通勤客や通学客が出る事態にまで発展し，騒音やごみのポイ捨てなど目に余る迷惑行

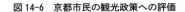

図 14-6　京都市民の観光政策への評価

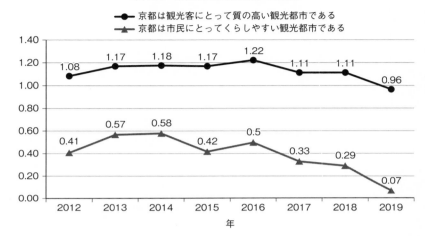

注：選択肢「a そう思う」に 2 点，「b どちらかというとそう思う」に 1 点，「c どちらと
　　もいえない」に 0 点，「d どちらかというとそう思わない」に −1 点，「e そう思わない」
　　に −2 点をそれぞれ与えている。図中のスコアは無回答者を除いた回答者の平均値。
出所：京都市「市民生活実感調査質問票 B」各年版，京都市観光協会「京都市における観
　　光調査関係の資料一覧」（https://www.kyokanko.or.jp/wp/wp-content/uploads/
　　civic_pride.png）

　為も増加して市民の不満は高まっていきました。それだけでなく，ホテルな
ど宿泊施設の建設が相次ぎ，地価や家賃が上昇したため住民が流出したと言
われています。花見小路や錦市場は共有地の悲劇の典型例で，あまりに観光
客が集中しすぎ，観光を断念する人たちも現れ，日本人観光客の「京都離
れ」が進行していきました。
　どこからがオーバーツーリズムかは明確には言えないものの，東山区をは
じめ一部の地区のある時間帯ではそれが発生していた可能性があります。そ
の結果，図 14-6 にも示されているように京都市民の観光政策への評価は
2017 年以降低下しています。特に「くらしやすさ」という点で市民はかな
り評価を下げており，過度の観光客の入洛に不満が積もっていたことがわか
ります。

Column	14-1　経済効果

　観光でも「インバウンドの経済効果」ということばがよく使われます。この経済効果とは何を指すのでしょうか。

　たとえば京都市を訪れる観光客が増えたとします。観光客は京都市で宿泊，飲食，お土産の購入など消費活動を行うでしょう。この段階で消費需要という最終需要の増加が京都市で発生します。例えばあるお土産を生産している企業の売上が1年間で1億円増えたとします。この1億円は京都市経済への直接効果と呼ばれます。

　土産を販売する企業はこの最終需要の増加に対して商品の原材料の購入を増やしてお土産の生産を増やそうとするでしょう。この中間投入は京都市内の企業だけでなく京都市外の企業への発注となって現れます。前者が9,000万円，後者が1,000万円だとすれば，京都市の経済への直接効果は9,000万円となり，この金額に等しい中間財の生産増加がもたらされます。同様にこの原材料を生産している京都市内の企業はこの需要の増加に対してその生産を増やすため京都市内外の企業に中間財の発注を行います。このような生産増加と京都市内の企業への中間需要の増加は次から次へと行われます。このうち，京都市内で増加した生産額の金額は第1次波及効果と呼ばれます。生産額の増加の一部は所得の増加となって現れます。例えばお土産屋さんやお土産を生産するための中間財を生産している企業の従業員はこの増えた所得の一部を消費財への支出に向けるでしょう。この最終需要の増加に対して財を生産する企業は生産を増やします。上の説明と同じようにこのような生産増加が何段階にもわたって発生します。これは第2次波及効果と呼ばれます。このようなことは宿泊，飲食等でも発生します。これら京都市内の観光産業で発生する直接効果，第1次波及効果，第2次波及効果の合計が京都市の経済効果となります。

5-4　対策はあるのか

　オーバーツーリズムが市場の失敗であるのであれば政府による介入が求められます。実際，海外ではいろいろな対策がとられています。京都市は2015年に民泊対策プロジェクトチームを発足させ，翌年には市民からの苦情を受け付ける「民泊110番」を設置しました。同市は2018年に宿泊税を導入し，宿泊費用を引き上げることで観光客数のコントロールに手をつけ始

めました。さらに2019年，門川大作市長はホテルなどの宿泊施設について歯止めをかける方向に方針転換する考えを表明し，すでに宿泊施設の新規開設に規制を設けています。

　しかし，例えば祇園の花見小路や錦市場で発生する「共有地の悲劇」への対策には限界があります。そもそも花見小路も錦市場も観光地ではなく，主に商売をされている方とそのお客さんが利用する歩道です。技術的には歩行者数を制限することは不可能ではないでしょうが，その代償としてここまで作り上げてきた花見小路の持つ雰囲気や風情といったものを維持できなくなり，錦市場でもお客さんの足が遠のくかもしれません。それだけに頭の痛い問題です。

　花見小路や錦市場に限らず，京都への入洛規制は困難です。現在，京都市はアプリを使って混雑状況を表示し，観光客の分散化をはかろうとしたり，花見小路でも外国語でのマナー啓発に努めています。極端なことを言えばインバウンドを相当減らさない限りオーバーツーリズムは解消しないでしょうが，その分だけ経済効果を手放すことになります。

6．おわりに

　21世紀を迎え，日本経済は行き詰まりを見せていました。日本政府は，規制緩和による訪日外国人観光客の増加とインバウンド需要による経済効果に相当期待していたと思われます。特に人口減少が著しい地方にとっては喉から手が出るほどほしい経済活性化の切り札の1つでしょう。実際，2020年の第1回目の緊急事態宣言発出下では観光がほぼストップし，飲食業，宿泊業など観光産業では所得や雇用が大きく失われました。中には休業どころか廃業せざるを得なくなった飲食店なども多数現れました。このことは現在の日本にとって観光がいかにその経済を支えているかを再認識させてくれました。しかし，インバウンドによる経済効果はすべての地方に行き渡っているわけではありません。その恩恵にあずかることができていない自治体や事業者からすればオーバーツーリズムも「ぜいたくな悩み」と映るでしょう。

　今後の課題として，観光客の分散化が挙げられます。SNSによる「映える景観」の拡散はいままで知られてこなかった地方の魅力を発信し，観光客を集める重要な手段となると言われています。ただし，急激に増える観光客が騒音やごみの増加といった生活環境問題を生み，しばしば住民とのトラブルを発生させています。外国人観光客に関しては相互の異文化理解と受け入れ側の外国語での対応といった国際化が求められます。京都や大阪では英語で外国人観光客の質問に答えているバスの運転手や郵便局の職員なども見かけました。自治体にはこのような受け入れ態勢の整備と人材の育成と確保が求められるでしょう。その一方でオーバーツーリズムを経験している京都市をはじめいくつかの自治体の住民からすれば「もうこりごり」というのが本音かもしれません。京都市の花見小路や錦市場のオーバーツーリズム対策は正直なところ決定的な対策がないというのが実情ですが，今後の政府や自治体には観光産業を中心とした経済効果重視の視点だけでなく，受け入れる住民の視点に立った観光政策が求められます。

参考文献
阿部大輔［編著］（2020）『ポスト・オーバーツーリズム　界隈を再生する観光戦略』学芸出版社。
一般財団法人アジア太平洋研究所（2019）『アジア太平洋と関西　関西経済白書2019』丸善プラネット。
高坂晶子（2020）『オーバーツーリズム　観光に消費されないまちのつくり方』学芸出版社。
中井治郎（2019）『パンクする京都　オーバーツーリズムと戦う観光都市』星海社。

索　　引

執筆者紹介 （執筆順）

塚原康博 （つかはら・やすひろ）
明治大学情報コミュニケーション学部教授　　　　　　　　イントロダクション　第4章

西澤　隆 （にしざわ・たかし）
財団法人国際金融情報センター（JCIF）
調査部, 中東部, 中央アジア部　部長　　　　　　　　　　第1章

松崎慈恵 （まつざき・よしさと）
流通経済大学経済学部教授　　　　　　　　　　　　　　　第2章

鑓田　亨 （やりた・とおる）
名古屋商科大学経済学部教授　　　　　　　　　　　　　　第3章

安藤　潤 （あんどう・じゅん）
佛教大学社会学部教授　　　　　　　　　　　　　　　　　第5・14章

渡久地　啓 （とぐち・けい）
沖縄女子短期大学総合ビジネス学科教授　　　　　　　　　第6章

佐川和彦 （さがわ・かずひこ）
駿河台大学経済経営学部教授　　　　　　　　　　　　　　第7章

天利　浩 （あまり・ひろし）
流通経済大学, 学習院大学, 法政大学非常勤講師　　　　　第8章

石川清貴 （いしかわ・きよたか）
駿河台大学経済経営学部講師　　　　　　　　　　　　　　第9章

馬場正弘 （ばば・まさひろ）
敬愛大学経済学部教授　　　　　　　　　　　　　　　　　第10章

得田雅章 （とくだ・まさあき）
日本大学経済学部教授　　　　　　　　　　　　　　　　　第11章

加藤篤行 （かとう・あつゆき）
金沢大学人間社会研究域経済学経営学系准教授　　　　　　第12章

飯田幸裕 （いいだ・ゆきひろ）
二松学舎大学国際政治経済学部教授　　　　　　　　　　　第13章

これからの暮らしと経済

2023 年 3 月 31 日　第 1 版第 1 刷発行　　　　　　　　　　検印省略

編著者	塚	原	康	博
	安	藤		潤
	佐	川	和	彦
	松	崎	慈	恵
発行者	前	野		隆

発行所　株式会社　文　眞　堂
東京都新宿区早稲田鶴巻町 533
電　話 03（3202）8480
ＦＡＸ 03（3203）2638
https://www.bunshin-do.co.jp/
〒162-0041 振替 00120-2-96437

製作・真興社